ふたつの憲法を生きる

教育学者が次世代と語る戦後

はじめに

「二つの憲法を生きる」というタイトルにしましたが、私は憲法学者ではありません。従って、憲法を論ずるのではなく、憲法のもとで何を考え、どのように生きてきたのかについて書くつもりです。こういうと、いかにもたいそうなことのように思われたりしますが、そんなことはありません。

その日その日を、漫然と暮らしている私のような者に、それほどたいそうなことを書けるはずはありません。それにしても、はっと気が付くこともあるのです。例えば大日本帝国憲法には、告文に続き天皇の「憲法発布勅語」が記されています。「朕国家ノ隆昌ト臣民ノ慶福トヲ以テ中心ノ欣栄トシ朕カ祖宗ニ承《う》クルノ大権ニ依リ現在及将来ノ臣民ニ対シ此ノ不磨ノ大典ヲ宣布ス」と憲法発布の趣旨をのべた上で、「第一章　天皇　第一条大日本帝国ハ万世一系ノ天皇之ヲ統治ス」以下七六条に及ぶ内容が書かれているのです。

ところで、日本国憲法は、「政府の行為によつて再び戦争の惨禍が起ることのないやうにすることを決意し、ここに主権が国民に存することを宣言し、この憲法を確定する。そもそも国政は、国民の厳粛な信託によるものであつて、その権威は国民に由来し、その権力は国民の代表者がこれを行使し、その福利は国民がこれを享受する。これは人類普遍の原理であり、この憲法は、かかる原理に基くものである」と前文で述べ、その第一条で、天皇の地位は、「主権の存する日本国民の総意に基く」と定めています。

はっと気が付くことは、日本国憲法は、国民の総意に基づいてつくられた、というごく当然のことなのです。

戦中・戦後を生きてきた者が、いまさらのように、はっと気が付くなどとは恥しいことです。しかし、憲法についてなど、深く考えないで暮らしてきてしまった私には、日本国憲法はきわめて新鮮な感動を覚えさせるものなのです。

再来年には兵隊にいかなくてはならないのか、と思っていた中学生（旧制）にとっては、兵士として死ななくてもよくなったというのは、表現し難い喜びでありました。

小学校の勉強は、「ススメ、ススメ兵隊ススメ」という調子で、体操は分列行進と騎馬戦、そして跳び箱でした。中学校に入学したら、低学年では、軍事教練やら寒稽古の剣道で鍛えられ、三年生からは、農作業、類焼防止のための建物の打ち壊し、ついで学徒勤労動員で工場での旋盤工などと続き、中学生としての勉強はほとんどしていません。唯一記憶に残っているのは、国語の谷先生の授業です。それは天皇陛下の「陛下」とはどういう意味かという問いかけでした。誰も答えられなくて、その日は、「調べてくるように、今日はこれで終わり」ということになりました。

そして次の国語の時間、みんな手をあげました。先生の問いに「階段の下という意味です」と多くの生徒が答えました。「そうだな、ところで下はどういう意味か」と先生は畳み込んできます。シーンとなって、誰も答えられません。「では調べてくるように、今日はこれで終了」と授業は終わってしまいました。

次の時間がやってきましたが、誰もはっきりしたことを答えることができなくて、先生は「君たちは、何を調べてきたのか」と叱るのです。「困ったね。やむを得ない。教えてあげよう。下というのは、ぼんやりと…のあたりという意味だ。直接いうのは恐れ多いので、階段のあたりといっているのだ。相手を尊んでそのように表現しているのだ」と教えて下さったのです。「君たちのお父様が手紙をお書きになる時に、〇〇様机下と書くのも同じことで、相手を敬って机下（机のあたりとぼんやりいう）と使うのだな」というのです。これが、軍国主義時代の教育で唯一印象に残っている授業の一コマです。

こうした体験のあとに、戦後のびっくりするような景色が連なるのです。このことを書こうと思うのです。

登場人物

語る人

牧 柾名

元東京大学教授
教育行政学

聞く人／編集

八木 絹

ライター
編集者

聞く人

荒井 文昭

首都大学東京教授
教育行政学

解題

世取山 洋介

新潟大学准教授
教育法学

目次

第二章　戦争と知識人　37

第三章　新しい憲法の下で —— 学ぶことと働くことの統合　105

第四章　教育とは儚《はかな》い方がいい　165

第一章

敗戦前後の私

戦争責任への考察

（1）手のひらを返した大人たち

「こんなに明るかったか」と驚いた敗戦の日

八木　二〇一五年は戦後七〇年ということで、たくさんのテレビ番組がつくられ、本もたくさん出版されました。八月一五日には安倍首相の戦後七〇年談話が発表され、国内外に議論が起こりました。牧先生にとっての日本の終戦あるいは敗戦の風景からお話していただけますか。

牧　私は敗戦のときが東京府立五中（戦後東京都立小石川《こいしかわ》高校となり、現在は東京都立小石川中等教育学校）という旧制中学校（戦前の前期中等教育機関で五年制、男子のみ）の四年生で、思春期まっただ中でした。八月一五日の風景といえば、その夜は「こんなに明るかったか」と驚いたのを覚えています。それまでは灯火管制で灯りに覆いがかかっていましたから。

荒井　ドラマでしか見ていないのですが、「暗さ」があったのですね。

牧　警戒警報が鳴ると暗くしなければならないし、空襲警報になれば、灯りを全部消さなければなりません。

戦争中は「隣組《となりぐみ》」組織というのがガッチリできあがっていて、防空訓練や消火作業のための組織でもあるのですが、それ以上に、例えば「牧さん家《ち》、電灯もれていますよ」などと気づかないことを教え合ったり、「こんな戦争いつまでやっているんだろうなあ」などという人がいると、「そんなことをいうのはやめなさい」と注意をしたりと、監視機関でもあったわけです。そんなふうに監視されていた家の灯りをこれからはつ

1945年ころの牧

けられるというのは、あの八月一五日の出来事としては強く印象に残っています。
大日本帝国憲法の下に育ち、「一旦《いったん》緩急アレハ義勇公ニ奉シ」（教育ニ関スル勅語、一八九〇年に明治天皇からの勅語として出された、戦前における日本政府の教育方針）と、命を陛下に捧げるために教育を受けていましたから、戦争が終わったことで「ああ、これで死ななくていい」とホッとはしましたが、これからどうなるとまでは想像できず、わけがわからない状態でした。

荒井　二〇一五年は敗戦七〇年でしたので、八月一五日正午の天皇による終戦宣言「玉音放送《ぎょくおん》」が話題になりました。牧先生はどこでどのように聞かれたのですか。

牧　戦争末期、旧制中学の生徒は「建物疎開」という、空襲での類焼を防ぐための建物の取り壊し作業や「勤労動員」で、学校で勉強することはほとんど許されませんでした。勤労動員というのは、戦争に際して政府が強制的に中学校などの生徒を軍需工場などで働かせることです。敗戦の年、私は中学四年生で、軍需工場に動員されていました。最初は八時間勤務だったのですが、一九四四（昭和一九）年頃から一二時間勤務になりました。午前七時から午後七時までが昼の番で、これを一週間やると次の週は夜勤で、午後七時から翌朝七時までの勤務です。
八月一五日は夜勤明けで、朝には家に戻っていましたので、正午からの「玉音放送」は家で聞きました。ラジオの調子が悪く、雑音ばかりで何をいっているのかわけがわかりませんでしたが、中学生の私にも「今日で戦争は終わりなんだ」という結論はわかりました。

八木　勤労動員では、どんな仕事をするのですか。

牧　軍需工場で旋盤工でした。始業時刻に機械を動かすわけですから、その前の時間には出勤して始業準備をします。軍需工場は二四時間操業で、そのうちの一二時間の仕事を中学生にやらせていたわけです。
軍隊の徴兵検査では判定に甲《こう》・乙《おつ》・丙《へい》の区分があり、甲が一番よいのです。「甲種合格」は必ず、即兵隊にとられます。乙には「第一乙」と「第二乙」があり、第一乙は少し召集の危険があります。一番下のランクの丙種の兵士たちが、私が働いていた工場に来て一緒に作業をしていました。当時は電動旋盤ではなく、大きなモーターでベルトを回す筒が回っていて、仕事を始める前にそれにベルトをかけるのですが、中学生の私たちでも一発でベルトかけができるのに、この兵士たちはそれすらも上手《うま》くできないのです。私たちは「これじゃあダメだよな、こんなので戦争をやってもうまくいくわけがない」と、密かに話していました。
一二時間勤務で昼間は休めないのですが、夜勤になると「ちょっとひと休みしてくる」といって、たくさん停まっているトラックの運転席で友だちと少しまどろんでいると、ガチャとドアが開く音がして、見回りの教員に見つかってしまいました。「お前ら退学だ」などといわれたのですが、脅かされただけで退学は免れました。

荒井　勉強などできない日々でしたね。

牧　旧制中学五年のうちで、学校で勉強をしたのは三年あったかないかくらいです。

八木　府立五中とはどんな学校だったのですか。

牧　たまたま私たちの学校は初代校長の伊藤長七先生が大正自由教育の騎手の一人だった関係もあり、あまり熱心な軍国主義教育をやらない学校でした。それでもやはり陸軍幼年学校に行った人がクラスに二人くらいいました。幼年学校というのは、陸軍の幹部将校候補養成のためにつくられた全寮制の教育機関で、旧制中学二年修了程度の生徒に受験資格がありました。海軍には海軍兵学校があり、そこには中学を卒業していないと行けないのですが、中学の途中から行ける海軍兵学校予科ができて、クラスで一人か二人が行きました。一クラス五〇人のうち軍の学校に行ったのは陸軍・海軍合わせても数えるくらいでした。

八木　勤労動員は敗戦の日で終わりになったのですか。

牧　戦争が終わったからといって工場での夜勤まで終わりになっているとは思いませんでしたから、放送を聞いた後、夜には工場に行きました。行くと勤労動員は終わりになったことを聞かされました。そのころ学校は当然夏休み中でしたから、電話のある家には学校から「一八日に学校で校長先生から話があるから学校に来るように」という連絡があったそうです。それも工場に着いた後で友人から聞きました。

校長の変質で大人が信じられなくなった

牧　いわれたとおり、一八日に登校しました。そこでの校長先生の話はいまでもはっきり脳裏に焼きついています。沢登哲一校長は東京帝国大学国文科の出身で、「雌伏《しふく》一〇年、雌伏二〇年かかっても、必ずやこの恨みを晴らさないではおかない。米英撃滅こそわれわれの願いだ」という訓話をしたのです。なにしろ食べ物がない時期でしたから、「とにかく餓死しないで新しい学期を迎えることができるといいね」と、最後のところだけ妙に人間味のある話だったのを覚えています。その日の学校はそれで終わり、工場には行かなくてよくなりましたので、それ以後は夏休みになりました。

荒井　戦争でご家族は無事だったのですか。

牧　私の父は徴兵検査には合格していましたが召集されず、戦争には行かずに済んだので、敗戦の次の日の一六日から役所に出勤していました。出勤するときに鞄《かばん》の中に短刀を忍ばせて、懐《ふところ》に差していくときもありました。私は「なぜ短刀なんか持ち歩くのか?」とひとこと聞いたのです。そうしたら父は「お前にいう必要はない。何かあったときのために持ち歩いているんだ」というだけで、それっきり返事はしてくれませんでした。「何かあったときに」というのは、何でしょうか。ＧＨＱ（連合国軍最高司令官総司令部）の最高司令官マッカーサーが、日本の戦後占領を指揮するために厚木の基地に降り立ったのが八月三〇日でした。もちろん、その前に東京にもいわゆる進駐軍の兵隊が入っていましたから、アメリカ軍の兵隊と何かいざこざがあったならば、相手を刺して自分のことも刺す、そういうことをしようと思っていたのではないかと私は想像するのです。なんかおかしな親父だなと思っていました。

父の実家は山形県の庄内地方の酒田というところです。庄内地方は米どころで有名です。そこに庄内耕作者連盟という小作人組合があり、私の祖父はその書記長をしておりました。その息子である私の父が大学まで出て、皇国の精神、軍国主義にすっかり骨の髄まで染まってしまい、ついに短刀を持って出勤するに至ったというのは何だろうと思い、青年になろうとしていた年齢だった私は少々あきれて見ておりました。

それから二週間後の八月三一日に父は病気で亡くなったのですが、いまにして思えば、「ああ、あのとき亡くなってよかった。幸いだったな」と思います。父はごく若かったのですが、あの戦後のだらだらとした節目がない歴史を経験しなかっただけでも幸いだったと思うのです。

荒井　夏休みが終わると学校が再開されたわけですね。

牧　府立五中は戦争で焼けてしまいましたので、東京府立第二高等女学校（現在の東京都立竹早《たけはや》高校）のすぐ前に明化《めいか》小学校があり、そこを借りていました。大塚の駅から都電に乗って通学するのですが、電車が混んでいて車両の中には入れず、車両の窓枠の外にぶら下がって乗っていくのです。

九月一日の朝礼では、八月一五日に訓話を垂れた同じ校長が、今度は「この前話をしたのは間違いでしたので、いまから訂正します。これからは文化国家、平和国家の建設のために君たちには一所懸命勉強してもらいたい」と訓話をしたのです。これには驚きました。「二週間前にいったこととまるで違うことをいって、俺たちをバカにするのか」と頭にきました。

私はそれで以後グレてしまったのです。グレるといっても、私は体も小さいので、外でケンカをしたりカツアゲをしたりはできないわけです。精神的にグレたという意味です。つまり、もう大人は信じないことにしたのです。何を読んでも、書いてあるものはまともには信じない。何かいわれても、それにはきっと裏があるに違いない。本当はいいたいことがあるのだけども、何か隠しているに違いないと考え、ややこしい暮らし方、過ごし方をするようになりました。

八木　敗戦のころの天皇のことは記憶にありますか。

牧　私にとっては信じられない大人の代表が天皇でした。マッカーサーが日本にやってきて、一九四五年九月二七日に天皇と会見しました。ばかに背が高い人の隣にちっぽけな人が立った写真が、二九日の新聞に掲載されました。翌四六年一月一日には天皇が「人間宣言」をしたのです。同じ人が、戦争中は神様だったのに、戦争に負けたら人間になった。そして、四六年に新しい憲法ができて、四七年五月三日から施行されました。第一条で天皇は「日本国民統合の象徴」というものになりました。象徴、つまりバッジみたいなものになったのです。

普通の人なら変だと思わないでしょうか。去年まで神様だった同じ人が人間になったのです。日替わりで衣装を替えるようなもので、国民がバカにされたことの一つでしょう。小説家で精神科医の加賀乙彦は、天皇は「自害すべきであった」と書いています（『帰らざる夏』講談社、一九七三年)。せめて一九四五年のあのときに、自害しないまでも、退位して、天皇の地位を後継者に譲ればまだしも、譲らずにそのままきたのです。それが私にとっては、「大人にだまされた、裏切られた」という思いの第一でした。

新しい憲法で確かに制度的には改まりましたが、ものをいったり書いたりするときに、天皇にかかわることに触れることにブレーキがかかるようなところが、いまでもあるのです。

自由だった敗戦直後——旧制中学から旧制高校へ

荒井　戦争が終わってようやく勉強をすることができたのですね。

牧　戦争中は勤労動員ばかりで勉強することが許されませんでしたので、戦争が終わって本当によかったという思いが残っています。何がいいかというと、自分で授業科目を選ぶことができた。教員は「君たち、勝手にしなさい。出席も取らない。私はやるべきことはやるけれど、あとは君たちの自主的な判断でやればいい」と放任でした。出たい授業だけに出ればよかったのです。それが許された。文部省はその権能を有していなかったので、学ばない自由も、学びを選ぶ自由も、学校に行かない自由もあったのです。「池谷敏雄《いけやとしお》先生の英語の授業は出ないと上の学校に行けない」と先輩にいわれていたので、上の学校に行きたいと思っていた私は、その授業だけは出ていました。谷鼎《たにかなえ》先生という歌人であった国語の先生の授業も出ていました。ほかの授業はまったく出ていませんでしたが、それで困ることはありませんでした。試験は受けるのですが、友だちからノートを借りたりして、試験だけは合格するやり方はいくらでもありました。

八木　そのころはどんなことに関心を持っておられたのですか。

牧　私は旧制中学の五年生のころ、「演劇の演出家や映画の監督になれればいいな」と密かに思っていました。運動部としては、飯塚鉄雄監督のもとバレーボール部に参加しており、文化部としては演劇部に属していました。そして、鎌倉アカデミア（戦後直後の一九四六年、鎌倉で誕生した私立の高等教育のための学校、一九五〇年廃校）に深い関心を持っていたのです。この鎌倉アカデミアは、哲学者の三枝博音《さえぐさひろと》、歴史家の服部之総《はっとりしそう》、作家の高見順、役者の千田是也《せんだこれや》、宇野重吉らによってつくられ、学生は、山口瞳、前田武彦、左幸子、いずみたく、鈴木清順等がいました。資金不足で、アカデミアは一九五〇年に廃校になるのですが、そこに行った友人は結構いました。私もそういう友人たちのように演劇の道に進もうかと思案していたのです。

ところがまずいことに、とても優秀な友人がいました。その友人は窪川という名で、小説家・佐多稲子《さたいねこ》（一九〇四―一九九八）の息子だったのです。先輩から「これを来週までに脚本に書き直してくれないか？」と野上弥生子《のがみやえこ》（小説家、一八八五―一九八五）の小説を渡されるとサラサラっと書いてくるのです。彼が書いた脚本を芝居にして上演したこともありました。そんなに優秀な友人がいたので、彼と争っても勝てる見込みがないと思い、その夢は諦めて普通の旧制高校に行くことにしたのです。

荒井　牧先生は新制高校へは行かず、旧制高校に入られたのですね。それはなぜですか。

牧　一九四六年からGHQによって学制改革が始まりましたので、旧制高校（戦前から戦後の一九五〇年まで存在した高等教育機関）と新制高校の両方が存在していて（一九四七～五〇年）、私は移行の最後の学年で、旧制高校の最後の卒業生です。いまの高校二年生から大学二年生までの三年間が旧制高校で、その後に三年間の大学がありました。旧制から新制への移行措置で、旧制中学の五年生が一年遅れで新制高校の何年生かに編入できる制度がありました。

私が通っていた旧制府立五中はそのまま新制小石川高校になったのですが、小石川高校は旧制高校ではありません。せっかく旧制中学に行ったのだから、旧制高校を知らずに大学に行くのはもったいないと思い、新制高校への編入ではなく、旧制高校の入試を受けることを選んだのです。

当時は旧制高校の試験を旧制中学の四年生でも受けることができて、四年生のときは東京に残るつもりで第一高等学校（現在の東京大学教養部）を受けたのですが落ちてしまって、五年生のときにまた一高を受けてもよかったのですが、落ちるといけないので、旧制静岡高校にしたのです。父の友だちが静岡で公認会計士として事務所をやっていたので、その方を頼ったという事情もあり、私は一九四七年四月から旧制静岡高校に進みました。

八木　旧制高校というと蛮カラなイメージがあります。

牧　旧制高校は私たちにとっては憧れの学校でした。敗れた帽子に薄汚れたマントという弊衣破帽《へいいはぼう》（むさくるしい蛮カラな服装）で朴歯《ほおば》の下駄（朴の木でつくった厚い下駄）を履いてカランコロンと歩き、手ぬぐいを腰にぶら下げて、というお定まりの服装なのです。

旧制高校では大部分の時間を外国語の勉強に割いていて、週に一〇時間くらいはあったのではないでしょうか。文科と理科があり、私は「文丙《ぶんぺい》」（文科丙類）と呼ばれたクラスでしたから、第一外国語がフランス語で、ほかの文科では「文甲《ぶんこう》」（文科甲類）の第一外国語は英語、「文乙《ぶんおつ》」（文科乙類）の第一外国語はドイツ語でした。クラスメイトは二〇名だけだったので、普通の授業はドイツ語の人といっしょで四〇名のクラスになり、歴史や哲学の授業はその四〇名で受けていました。

荒井　旧制高校に入学されたのは、憲法ができてすぐだったのですね。

牧　旧制静岡高校に入学した一九四七年の五月にいまの憲法が施行されました。ですから憲法に何が書いてあるかまで理解するようになったのは、高校の社会科の時間でした。あのころ中学校の教科書として『あたらしい憲法のはなし』（一九四七年八月に当時の文部省が作成した社会科の教科書）ができたので、私たちも高等学校でそれを使ったと思うのです。憲法を意識したのは授業で教えてもらったので知ったという記憶はあるのですが、だからといってどういう意味があるかまで深く考えはしませんでした。

なにせ私は、敗戦後は学校でいい成績を取ることなどに意味を見い出せなくなっていました。戦前は、いい成績を取ることはいい社会的ポストに就けることを意味していましたが、敗戦で全部崩壊してしまったのです。「自分がやりたいことをやればいい」という気分に一八〇度変わってしまい、麻雀の合間に学校に行っているようなものでした。

八木　お父さんが亡くなられて、学生生活は大変だったのではないですか。

牧　父が敗戦の年の八月末に病死してから、私は母子家庭の一人っ子として育ちました。食べることに精一杯で、まともにものを考える余裕がないのです。旧制高校時代も、家庭教師をしたり、木工場や自転車工場で働いたりで、勉強する時間はありませんでした。

当時は汲《く》み取り式便所でした。現在のように下水処理や浄化槽処理が開発される前は、便所の真下に汚物を溜めておき、ときどき業者が汲み取りに来るのです。当然不衛生で悪臭もひどいので、そこに薬をまくアルバイトは日給が高かったのです。一軒一軒汲み取り式便所の蓋《ふた》を開けて薬をまく仕事を、夏休みの朝八時半から夕方までしました。過酷労働で、夏休みで一〇キロくらい痩せました。

（2） 戦争の責任とは何か

高校で教員の戦争責任を追及する

荒井　旧制高校時代の知的関心はどんなことでしたか。

牧　旧制高校でそのころ話題になっていたのは哲学で、出隆《いでたかし》（一八九二―一九八〇）の『哲学以前』とか、三木清（一八九七―一九四五）の『哲学ノート』などを読んでいないと軽蔑の対象にされて、友だち扱いしてくれないので、やむを得ず哲学の本を読んでいました。『哲学以前』は、学問とは何かといえば、ある一定の方針、原理にもとづいて、種々の知識が選択統一されたものであると考えられている、といい、その心理的起源は、いわば疑いの念にあるように思えるということから出発して、疑念とは何かを考究しようとした本です。

また、『哲学ノート』は、知性に時代のごときものが考えられるとすれば、知性の新時代、あるいは二〇世紀の知性とはいかなるものであろうかということを問うことから始まり、知性に対する不信ないし否認が、この時代の特徴であると論じているのです。

旧制高校での出来事としていまも鮮明に記憶に残っているのは、教員の戦争責任を追及する集会がしばしば開かれていたことでした。戦争に協力した教員たちの免職・追放を決議するような大会でした。それまでの私には、戦争犯罪を追及するとか、戦争責任をとらせるという意識はまったくありませんでした。知識人が戦争責任についてどういう態度をとったのかについても、深い考えをもって物を読んだ記憶がありません。その問題を考えるには当時はまだ若すぎました。

戦時中の旧制高校では学生課長を教員がやっていましたから、そういう人は学生を戦争に送り出した「戦争協力者」として糾弾の対象になりました。その追及は非常に激しいものでした。結局学生から糾弾された教員は学校を辞めましたから、そのくらい学生に力があったのです。辞めたといっても別の学校に移っただけかも知れませんが、静岡高校からはいなくなりました。

荒井　「追及」の内容としてはどういう議論があったのですか。

牧　「なぜ先生は戦争に協力するようになったのですか。そのことについて、戦後どのように反省、自己批判をしましたか」とか、「戦後、知識人は、どのように戦争責任について自己に問うたでしょうか」などと追及されました。

八木　先生たちからの抗弁はありましたか。

牧　当時の教員たちがどのような反省をしていたのかについては、私たちにはわかりませんでした。教え子たちに追及されることは恥ずかしいことですから、そこで開き直るのか、自分も悪かったと認めるのか、その時に自分たちの戦争中の行いを説明するなり、声に出さなくても心の中で考えるなりしたでしょうが、それもどうだったかわかりません。

歴史家の中には「戦争責任」と「戦争協力」とを分けて考える人もいます。普通の市民の戦争責任、戦争協力をどのように考えるかは今日でも大きなテーマです。当時の教員の行動は「戦争協力」であり、「戦争責任」とまではいえないものかも知れませんが、いくら時代が戦争一色で上からの命令があったとしても、学問研究の主体者としてはどうだったのでしょう。

学生たちが追及した教員たちは、学生を戦争に送り出したという責任を負った人たちですが、戦後になるとコロッと変わって民主主義を唱え始めていました。私たちはそういう人たちを信頼しろといわれても、とてもではないけれどできない。それほど私たちを侮辱することはないのではないかといいたかったのです。それは、かつて軍国少年だった私たち学生にもわかったことでした。自分たちが軍国少年だったことを反省するよりも、教師たちが学生を欺《あざむ》いて、戦後平気な顔でまた教育に携わるのは許せないという気持ちの方が強かったことは間違いないのです。

荒井　戦争直後にみずからの戦争責任を内省するというのは、難しいことだったのではないでしょうか。

牧　おっしゃるとおり、戦争責任を直視してそれを反省するとか、自分もそれに加担したことを認めるのはなかなか難しいことで、相当の知識や良心がないとできないことです。みずからの戦争責任を認めて反省した人はごく一部の人だったのです。そのころの大人たちがどう考えたのかは、その後の日本社会に大きな影響を与えたはずです。

戦争当時にはいろいろな種類の人がいたと思います。敵国の非戦闘員の市民を殺す残虐行為に加担した人の中には、積極的に参加した人もいれば、戦争に動員されたからやむを得ず殺した人もいます。その中にも、戦後手のひらを返したように何食わぬ顔をして民主主義を唱えて旗を振っていた人たちもいれば、口をつぐんで静かに暮らすしかなかった人もいます。ですから、一口に戦争責任といっても何種類もの人がいたといえます。

私が当時の人たちのすべてを知っているわけではないし、代表してものをいうことはできませんが、当時の人たち全員がこのように考えたとは限らないでしょう。むしろ当時の大多数は戦後の混乱で食べ物もなく、生きることに必死で、戦争責任の追及よりもどうやって飯を食べるかの方が大事な問題でした。

八木　牧先生はこの集会にどういう態度で参加されたのですか。積極的に追及した方でしたか、一参加者として聞いていたのでしょうか。

牧　私はこの集会に積極的な気持ちで参加した覚えはありません。参加はしましたが、追及もしませんでしたし、こうした集会そのものについての関心は、それほど強くありませんでした。

私はこの集会を通して大衆の力の強さを思い知りました。大人になりかけの子どもでも、これだけたくさんの人が一つのターゲットに向かって声をあげると、ターゲットになった人は身を引かなければならなくなるわけで、クラスでは戦争犯罪を追及しようというデモを頻繁に街頭に出てやっていました。

こうしたことは大人の社会でもよくやっていたわけではありません。旧制高校はある種特別な扱いをされていた場所でした。ほかに師範学校（初等・中等学校教員の養成を目的とした中等・高等教育機関）はありましたが、静岡の町に一つだけある旧制高校は世間が一目置いていましたから、町でデモをやっても町の人が何かをいうわけでもなく、あたたかく見守ってくれる雰囲気がありました。

私は「文丙」の所属で第一外国語がフランス語でしたが、「文乙」の学生と外国語以外の授業は同じクラスなのです。「文乙」の学生はどちらかというと〝赤い〟連中が多かったのです。〝赤い〟というのは、いまの若い方にはわかりにくいでしょうが、社会主義や共産主義の思想や、天皇制に批判的な思想を持つ人、それにもとづいて行動する人のことです。こういう人は、戦争中には治安維持法という最高刑死刑の法律で厳しく取り締まられたのです。

ひとり出て行った友人

牧　デモのあとのクラスの集まりで、私が忘れられない出来事がありました。その赤い連中が先頭に立って「なぜ昨日デモに行かなかったのか、みんな反省しようじゃないか。不参加だった人は理由をのべて反省しろ」とクラスで糾弾するようなことになったのです。そのときに野秋くんという友人が「私はこういう集まりには参加できません」とひと言いって教室を後にしたのです。彼は教員を糾弾する集会にも出ませんでした。私は度肝を抜かれたというか、「こういう人もいるんだ。すごいな」と、大衆の圧力に屈せずに、己の信ずる道を守ることを貫き通す人がいると知らされて、びっくりしたのです。

敗戦時に大人の変わり身の早さを目の当たりにした私は、一種の人間不信になっていました。野秋くんの行動はそれを拭い去るほどの力はありませんでしたが、一筋の光明を見出したという感じはありました。あとで聞いたら、彼はクリスチャンだったのです。その後もめったにそのような人に会うことはありませんでした。

第二章

戦争と知識人

（1）庶民の戦争と戦後

「爆撃のない日は退屈ね」

八木　この章では、日本人が戦後をどう迎えたか。とりわけ知識人たちがどのような態度をとったかをおたずねしていきたいと思います。

一九四五年当時の進学率は旧制中学校七％、旧制高校の数字ははっきりわかりませんが、もっともっと少なかったですね。牧先生は旧制中学校から一九四七年に旧制高校に進まれたわけで、その時点ですでに少数のインテリゲンチャとして戦後の時期を経験されたといえますが、一般の国民が迎えた戦後というのはどういうものだったのでしょうか。

牧　普通に働いていた町の人々にとっては、戦争中がどうかとか、戦後がどうだとかは関係ない話だというのが、坂口安吾（小説家、一九〇六―一九五五）の『堕落論』（一九四六年に雑誌『新潮』に掲載）に書いてあります。

人間の一生ははかないものだが、また、しかし、人間というものはベラボーなオプチミストでトンチンカンなわけの分からぬオッチョコチョイの存在で、あの戦争の最中に、東京の人達の大半は家をやかれ、壕《ごう》にすみ、雨にぬれ、行きたくても行き場がないよとこぼしていたが、そういう人もいたかも知れぬが、しかし、あの生活に妙《みょう》な落ち着きと訣別《けつべつ》しがたい愛情を感じだしていた人間も少なくなかったはずで、雨にはぬれ、爆撃《ばくげき》にはビクビクしながら、その毎日を結構たのしみはじめていたオプチミストが少なくなかった。私の近所のオカミサンは爆撃のない日は退屈《たいくつ》ねと井戸端《いどばた》会議でふともらして皆に笑われてごまかしたが、笑った方も案外本音はそうなのだと私は思った。闇《やみ》の女は社会制度の欠陥《けっかん》だと言うが、本人達の多くは徴用《ちょうよう》されて機械にからみついていた時よりも面白《おもしろ》いと思っているかも知れず、女に制服をきせて号令をかけて働かせて、その生活が健全だと断定は為《な》しうべきものではない。

生々流転《しょうじょうるてん》、無限なる人間の永遠の未来に対して、我々の一生などは露《つゆ》の命であるにすぎず、その我々が絶対不変の制度だの永遠の幸福を云々《うんぬん》し未来に対して約束するなどチョコザイ千万《せんばん》なナンセンスにすぎない。無限また永遠の時間に対して、その人間の進化に対して、恐るべき冒瀆《ぼうとく》ではないか。我々の為《な》しうることは、ただ、少しずつ良くなれ、ということで、人間の堕落《だらく》の限界も、実は案外《あんがい》、その程度でしかありえない。人は無限に堕《お》ちきれるほど堅牢《けんろう》な精神にめぐまれていない。何物かカラクリにたよって落下をくいとめずにいられなくなるであろう。そのカラクリを、つくり、そのカラクリをくずし、そして人間はすすむ。堕落は制度の母胎《ぼたい》であり、そのせつない人間の実相を我々はまず最もきびしく見つめることが必要なだけだ。
(『続堕落論』ハルキ文庫、三四頁)

と書いているのですが、私はこれが正解だと思っています。少し違和感はありますが共感するものがあるのです。

また八月一五日と日本国民の道義についても、安吾は次のように書いているのです。

藤原氏の昔から、最も天皇を冒瀆《ぼうとく》する者が最も天皇を崇拝していた。彼らは真に骨の髄《ずい》から盲目的に崇拝し、同時に天皇をもてあそび、我が身の便利の道具とし、冒瀆の限りをつくしていた。現代に至《いた》るまで、そして、現在もなお、代議士諸公は天皇の尊厳を云々《うんぬん》し、国民はまた、概《おおむ》ねそれを支持している。

　昨年八月十五日、天皇の名によって終戦となり、天皇によって救われたと人々は言うけれども、日本歴史の証するところを見れば、常に天皇とはかかる非常の処理に対して日本歴史のあみだした独創《どくそう》的な作品であり方策であり、奥の手であり、軍部はこの奥の手を本能的に知っており、我々国民《ママ》またこの奥の手を本能的に待ちかまえており、かくて軍部日本人合作の大詰《おおづめ》の一幕が八月十五日となった。（『続堕落論』二七頁）

また、日本国民の道義についても左記のごとき提言をしています。

　日本国民諸君、私は諸君に、日本人、および日本自体の堕落《だらく》を叫《さけ》ぶ。日本および日本人は堕落しなければならぬと叫ぶ。

　天皇制が存続し、かかる歴史的カラクリが日本の観念にからみ残って作用する限り、日本に人間の、人性の正しい開花はのぞむことができないのだ。人間の正しい光は永遠にとざされ、真の人間的幸福も、人間的苦悩《くのう》も、すべて人間の真実なる姿は日本を訪れる時がないだろう。私は日本は堕落せよと叫んでいるが、実際の意味はあべこべであり、現在の日本が、そして日本的思考が、現に大いなる堕落に沈淪《ちんりん》しているのであって、我々はかかる封建遺制《ほうけんいせい》のカラクリにみちた「健全なる道義《どうぎ》」から転落し、裸《はだか》となって真実の大地へ降り立たなければならない。我々は「健全なる道義」から堕落することによって、真実の人間へ復帰しなければならない。（『続堕落論』二九頁）

このような意味では坂口安吾に限らず織田作之助（小説家、一九一三―一九四七）もそうですし、戦後の無頼派《ぶらいは》（反俗、反権威、反道徳的言動で時代を象徴することになった作家たち）といわれる人々がいますが、もし戦後の思想といいうるものがあるとすれば、彼らの方が正確にそれを見抜いていたという感じを私は持っています。

八木　「爆撃のない日は退屈ね」とは。長く続いた戦争でそれが日常になってしまっていたのですね。

牧　最近、わが家で行った研究会で「戦争の終わりをどのように迎えたのか」「戦争中の日本の国民のありようを振り返ってみよう」ということを話し合いました。当時はいまと違って大学まで行く人の率は一〇%はなかったわけですから、インテリ層の書き残したものだけをもって戦後の記憶・思想というのは一部分だけの話で、それで全体を代表するのは乱暴なのではないかと思うのです。農民だったらどう思うのだろう、漁民だったらどう思うのだろう、小売商はどう思うだろうなど、そういうことを同時に知らないと、戦後の思想がこうだとか勝手な決めつけはできないのです。

字を覚え、着、履き、食べられるように

荒井　インテリ層ではない一般庶民が戦争を振り返った書物はたくさん出ていますが、どんなものに注目されますか。

牧　『戦没農民兵士の手紙』（岩手県農村文化懇談会、岩波新書、一九六一年）は大牟羅良《おおむらりょう》（編集者、農村研究家、評論家、一九〇九―一九九三）と岩手のあるグループが集めたものです。有名な『きけ　わだつみのこえ――日本戦没学生の手記』（東京大学協同組合出版部、一九四九年、現在は日本戦没学生記念会＝わだつみ会の編で岩波文庫になっている）という戦没学徒兵の最後の手紙・遺書を集めた本がありますが、それとはずいぶん違った文面で、

驚かされます。

佐々木清美

岩手県稗貫郡花巻町出身。田一町八反、畑二反七畝の農家のひとり息子。結婚生活二ヵ月で出征。昭和十九年八月三十日・ニューギニヤにおいて戦死。二十五歳。陸軍伍長。

〔前線にて　母宛〕

オカサン、オテガミアリガトウ、ナガクナガク、シツレイ、イタシマシタ、オユルシクダサイ。キヨミハ、ハヅメテ、タマノナカヲ、クグリマシタ、タマハ一ツモアタリマセンデシタ、マタ、アシニマメモデキマセンデシタ。ミナ、オカサンノオイノリト、フカク、カンシャイタシテオリマス。

カイッテ、キタ、トコロガ、イモンガキテオリマシタ、キヨミハ、ナイテ、ヨロコビマシタ、タカキノ、ヒトカラ、カネヲ、モライマシタ、オカサンカラダニ、ジュウブン、キヲツケテネ、オクラシ、クダサイ、ソレカラカミマイリヲ、イタシテクダサイ。

オカサンゲンキデ　　キヨミ

もう一通紹介しておきましょう。

小野寺福男

岩手県胆沢郡金ガ崎町出身。田一町六反、畑二反、山林二町五反の農家。昭和十八年五月二十九日・アッツ島にて戦死。三十一歳。陸軍上等兵。

〔旭川・北部第二部隊にて　妻・よしさん宛〕

先日はお便り有難度う。実はお前からの便りがないのでうらんで居たよ。お前を始め子供も皆元気で居るそうで安心した。特に子供等のことは手紙を見て、目に見えるような気がした。読んで夜は良くねむれなかったよ。保身の事が一番面白かった。力智は相変らずおれの事等いわないでいるそうだな。基はいくらか待って居る事だろう。そう七十日や八十日ではかえられる事ではないから良く教えていて呉れ。子供等の写真は急がなくてもよいからとって送ってくれ。おれもだんだんいそがしくなって手紙は思う様に出されないからそのつもりでいてくれ。あの様では三番田の草も今頃は終った事だろう。麦もこなしたそうだしこれからたいした仕事もないだろうから、あまりかせがない方がよいと思う。此の次に便りをよこす時はどこが一番稲が良いかきかしてくれ。荒神様遠かったろうね。おまもりは千貫石のおやじにも送ってもらった。そのためか益々元気でやっている。是からは機関銃隊だから馬も使う様になる。相去の定男兄や栄からも便りを貰っている。今日（二十四日）は午後休みでお前の返事や定男兄や次男への返事を書いて居る。食器あらいやせんたく等も上手にやっているから安心して呉れ。日曜には面会人が山の位来るが内地から来ている人はそんな心配がない。今少したつと酒保が許されるそうだから銭を使う様になる事でしょう。班長や内務班が変って二階にうつりました。引越しの時はとても忙しかった。先ずはこの次に。

後に紹介されますが、以下は旧制静岡高等学校戦没者慰霊事業実行委員会編『地のさゞめごと』（一九六六年刊）所収の学徒兵の手記です。

花岡俊輔

十二回文丙。昭和十六年東北大法学部卒業。昭和十七年一月十日入営。昭和十九年六月二十五日ニューギニア・ビアク島天水山にて戦死。二十八歳。陸軍少尉。

〔手記〕

〈新兵俊輔の手記〉

自序

此の小さな手帖は誰に見せるでもない、時々書〔い〕ては又一月も二月もブランクになってゐる「メモ」を見て、其のブランクの部分が頭の中にある中に、何とか簡単ながら一つのものに繋いで置かうと思ひ立ち、昭和十七年十二月二十二日から演習の暇々に書いて行くものである。四・五日経った今日読み返して見ると結局其の中を一貫する流をつづめて名付ければ望郷記とでも云ふべきか。

大分軍人らしからぬ言辞思考が多いから両親位にしか見せられぬ性質のものである。然し全然偽らぬ気持をはっきりと書いて置いて後日読み返して見たいと思ふのである。

昭和十七年十二月二十四日　　俊輔記

（中略）

兵隊アレコレ

兵隊気質の一つの特色ある現れは一種の刹那主義である。食物についてもよくそれが現れる。何でもある限りは是非共其の場で腹に収めてしまふ。一人で喰へねば戦友よせ集まり、ワッと片をつける。決して飢じいのでも、イヤシイのでもない、そこをよく判ってほしい。兵隊は命令で生活を律せられてゐるから、何時いかなる時にどんな命令で、どんなことになるか分らない、今日は楽だと思ってゐたのが三十分後には目を廻し、アゴを出す騒になることあり、思ひもかけぬ場所にいつ引きうつることになるかも知れぬ。呑気に見える警備の兵隊たちの生活は一皮めくれば常に油断も暇もない心構へに満たされてゐる、と共に、今日は今日の命といふ浮草暮しの感が身に沁みわたる。そこでさっきいった刹那主義の考へと行動が尊ばれる所以が生ずる。食物など大事に取って棚の陰にかくしてゐたりすれば、鼠にくはれるか、不意の検査で冷汗をかいたりするのがオチである。

国遠み　思ひなわびそ　風のむた　雲の行く如《な》す
言はかよはむ

と万葉にある海山を涯て故国をいつ見るか、しかとしたその期日の定めも与へられず、むしろ十に七、八は再び故山に帰る日は白木の箱入りと思ひ定めた我々ではあるが、ふるさとを夢見ぬ日、ふるさとの話に座のはずまぬ日はただの一日もない。郷里を同じくする者の集る所、話はいつも同じ所に行きつく。一木一草といふが、決してそれは嘘ではない。事実、郷里のどんな小さなことがら、小さな印象も、口に言はれぬなつかしさでまざまざと浮かんで来る。どの道のどの角のどの家のどんな色のノレン、あの空地はどんなになってゐたか、あの家は門があったか、格子戸だったか、など、バカバカしいことを布団の中で二時間も三時間も考へたりすることがある。まして我家の有様など、もうどんな暗やみであらうとどんな片隅の品物でも探し出して来れる。

もう一通、入れさせて下さい。

亥角《いすみ》泰彦

十七回文乙。昭和十七年四月東大経済学部入学。昭和十八年十二月入団。昭和二十年四月十四日沖縄方面にて戦死。二十二歳。

〈回天特攻隊員として出発の際の母宛の遺書〉

久しく御無沙汰申し上げました。

御母上様には御変りもなくと申し上げ度き処なれど誠に御苦労多きことと御察し申し上げます。扨、今日思ひ立って筆をとりましたのは他でもなし、所謂遺書に類するものです。小生例のつむじ曲りにてピンピン生きてゐるものが無理に死んだ先のことを考へて独りで悲壮がるなど以ての外と思ってをりますので一切何も残さぬつもりでした。又書き置いて後始末して頂くやうなこともございません。

併しこれもただのお便りとすれば何もかたくなに排する必要もなし、殊に家にゐた頃御母上となら夜中の二時三時でも飽かずに御話をしてゐた小生、久し振りに御喋りするのも亦悪くないと存じ、思ひつくままにぼつぼつ書いてみたいと思ひます。前置が大部《ママ》〔大分〕長くなりましたが。
一、御母上の御そばをはなれてゐる間に僕がどの位変ったか。
学生時代の私は万事に冷淡で中で熱心なものといへば読書、スポーツ、たまに一生懸命になれば芝居、浄瑠璃、風俗史といへば体裁がよいが多少色気のついた昔話といったやうな調子でした。軍隊に入ってからも極度に情緒趣味であることに変りなし。その他無精でお人好しで相変らずの人間です。唯少し変ったことといへば昔爺さんみたいに詰らぬ日常のことに小うるさかった所、あれが非常に強くなったこと、言ひかへれば妙な所に小心になったことです。これは軍人といふものに懐いてゐた多少の期待をすっかり裏切られ、職業的軍人に愛想をつかしてからのことです。

極度に形式主義な彼等がそれを以て我等に臨み我等を律っ《ママ》する〔律する〕のは所謂海軍の伝統、海軍常識なのです。その実それは島国根性、尻の穴の小さな連中が営々としてつくり上げた形式的な固陋な因襲にすぎないのですが。しかもそれは私達の最も詰らぬことと考へる所、それをもって『なってをらぬ』と責められても、こちらは一向痛くも痒くもない筈なんです。まして生来対抗意識といふものの薬にしたくもなかった小生故、普通ならどこ吹く風といふ面でゐてしかるべきだったのですが、どういふものか軍隊に入って以来妙に対抗意識が強くなり、唯彼等に文句を言はれたくない一心でやってきました。とも角自分が今迄最も下らぬこととして無関心だったことに神経をつかって尻尾をつかまれまいとするのですから、勢ひビリビリした人間にならざるを得ません。しかし本心では所謂軍人精神なるものに非常なる侮蔑をいだいてゐたのですから、婆々気を抜けと言はれば言はれる程、それにしがみつき、これを失って我々の取柄どこにありといふ調子でしたから、人様からみれば実に小心翼翼裏表の多い生活だったでせう。併し何を言はれようと、何をされようと糞食へと腹の中でせせら笑って（海軍軍人はかういふ時、顔で笑って心の中で泣くのださうですが）意地を張り続けてきたこの一年余りの生活で、たしかにしんの強いところが出来たのは事実です。

　併しこれも皆過ぎ去ったこと、いまの私はもうこんなこだはりは持ってをりません。或はこのことにとどまらず今の自分の仕事以外すべてに無関心になってしまったといふのが正確な言ひ方かも知れません。

一、死といふこと

私は軍隊に入る頃から死ぬことは何でもないと、馬鹿のやうに言ってをりました。事実さうであったやうです。併し生命何ぞ惜〔し〕むに足らんと堂々吹聴してゐなくてはならなかったといふのはやはり『生死』といふものに非常なこだはりをもつことをあらはすものです。事実私は生死を超越したといひながら、つい先頃迄死生観といふ問題が頭の中から離れたことはありませんでした。

それは私の仕事の性質上殊に仕方のないことだったかも知れませんでした。自分のなすべきことは判ってゐる、しかもそれに対する訓練は受けてゐない、さういった頃、(去年の終三ヶ月間)の私には如何にして我々の死を価値づけるか、我々は何に生命を捧げるのか、何やかやと思ひ惑ったものです。しかし愈々訓練を始めてからといふもの、私は死といふことを少しも考へぬやうになりました。誰の為に死ぬかとか、それでは犬死になりはせぬかとか、どんな死様はしたくないとか、そんなこと総てが頭の中から消えてしまひました。又考へる必要がなくなったのです。自分のなすべき仕事――これは決して我等何をなすべきか、といふ道徳的な命題の意味でもなく、又所謂軍人としての職責とかいったやうな重苦しいものでもなく、唯

「さあこれから寝ようか」と言ったやうな極く軽い、気楽な意味の『仕事』なのですが――を唯淡々としてやってゆく。私の今の死生観はこれにつきてゐます。死生観といふ言葉には一寸不適切な表現ですが、唯あるがままに最善を生きて行け、さうすれば死も生もすべてがうまくゆくのだ。

生死を超越したと称しながら縷々と大判ノート一枚を費してこんな事をかくのは、かへって死に強い執着を持ってゐる証拠ではないかと反問されさうですが、さにあらず、私の仕事の性質上私が何時何処で、いかなる死様をしたかといふことは先づ永久に家の方々に告げられる事はあるまいと思ひます。それは私としては望む処でもあります。然し万一その故に皆さんが私の心持に就いて、又死様について思ひをめぐらされるやうなことがあってはと存じ、私は最後迄生を楽しみ、安らかな気持でホッとこの世から消えてゆくものなることを長々と述べた次第であります。

最後に小生実に勝手なことばかりいたし、色々御心配ばかりお掛けしました。併しそれでそれなりに結構親孝行な息子であったやうに思ってゐます。

冗談はさておき、若し情況が許しさうな機会に恵まれましたら、静岡の小生古戦場を訪れ、昔を思ひ出して下さい。あの頃が私にとってもっとも張り切った、又印象深い頃です。もし私が化けて出るとすれば、その頃の姿で出たいとさへ思ってゐる位です。
時間も愈々迫りました。これで失礼します。皆さん御機嫌よう。
出撃の朝　泰彦

兵営外で投函されたものでしょうが、軍国主義的なことはほとんど出てきません。軍隊生活のこと、畑仕事や家族のこと、暮らし向きについて心を配っていることがたくさん書かれているだけなのです。『戦没農民兵士の手紙』にせよ、『地のさゞめごと』にせよ、本書を書くにあたって、再読したわけですが、胸が詰まって、なかなか先へ進めませんでした。感傷ではありません。「こうした方々の、審判に自分は応えているだろうか」という自分自身への問いかけです。

八木　吉田裕著『日本の軍隊——兵士たちの近代史』（岩波新書、二〇〇二年）でも、明治期から始まった徴兵制度によって農村の青年が軍隊に入り、そこで初めて洋服（軍服）を着て、靴を履き、洋食を含むまともな三食の食事をとることができるようになり、軍隊経験が日本の近代化に貢献した様子が書かれています。

牧　農村から入隊した兵士は、それまで家では食べたことがないようなものを兵営で食べることができるようになったのですね。軍隊はそういう意味ではプラスに働いた面があったのも事実なのです。

八木　同書では同時に、「軍や政府の側には中等教育や高等教育をうけた者は国家や社会に対して批判的になりやすい」「近代的な軍事技術を修得できるだけの最低限の知識と学力を持ち、なおかつ高学歴者のように国家や社会に対して批判的でない層として、高等小学校（一二～一三歳―引用者）卒業程度の者が期待されている」とも指摘しています。

牧　全体としてとらえれば『きけ　わだつみのこえ』に出てくるような学徒兵と農民兵とでは、戦争観とか戦争責任のとらえ方がまったく違っていたとしても仕方がないのです。東京大学の助手を経て、静岡大学の教員として赴任した後ですが、私はいまのべたような関心から、『地のさゞめごと』（戦没者慰霊事業実行委員会編、編集に主としてあたったのは、日野資純、市原壽文、藤本治）という本づくりを手伝ったことがあります。旧制静岡高校の代表寮歌「地のさゞめごと」の題を拝借したものです。

中国人を殺した体験であっても何でもいいから、区別しないで率直に集めたものです。

原稿は学生の親や祖父母など戦争を体験した人たちが遺《のこ》した手紙や日記などを集めました。文書をお送りいただいたご遺族の方々に、感謝の言葉がありません。

『きけ わだつみのこえ』については、あとで五十嵐顕さんの話のところでもう一度触れたいと思います。

（２）戦後直後、知識人は何をしていたか

三木清の獄死に思う

牧 「京都学派」の代表的哲学者であった三木清が、一九四五年九月二六日に豊多摩刑務所で亡くなっているのです。私は東京大学の学生だったころに宮原誠一《みやはらせいいち》（社会教育学、一九〇九―一九七八）に質問したことがあったのです。宮原は日本共産青年同盟（一九二三年創立、日本民主青年同盟の前身）のメンバーの一人で、三木清といっしょに活動をしていたことがありました。

「どうして先生は三木清を解放するために努力をしなかったのですか。だいたい牢屋につながれていた思想犯を解放するために、先生たちはまったく努力をした形跡がないのですが、どうなっていたのですか」

そのときはうーんと唸《うな》ってしまい、「申し訳ない」といったきり、教室から姿を消したのです。

荒井　三木清はマルクス主義の立場に立ちながら、京都学派の中心人物として戦争協力の道に進んだ、両義的な面を持つ哲学者でした。一九四五年に治安維持法違反の被疑者であった高倉テル（劇作家・小説家、一八九一—一九八六）を仮釈放中にかくまったために投獄されたのでした。亡くなったのは伝染病の疥癬《かいせん》に獄中で感染したのが原因だったのですね。

牧　なぜ三木清が九月二六日に死ななくてはならなかったのでしょうか。治安維持法違反で獄中にとらわれていた共産主義者やキリスト者など三〇〇〇人の政治犯は、なぜ一〇月一〇日まで解放されなかったのでしょうか。本来なら八月一五日の敗戦と同時に政治犯を解放するために、監獄の扉を日本人自身が開けなければならなかったのです。それなのに敗戦後二カ月も放っておいた。しかもその間に三木清は獄死してしまった。その間日本政府や日本の知識人たちは、いったい何をしていたのでしょうか。
しかも政治犯を解放することについては、たまたま三木の死を知ったアメリカ人ジャーナリストがGHQに対して「敗戦からすでに一カ月以上経っているのに政治犯がまだ捕われの身でいるのはおかしい」と訴えたから、GHQが初めて気づいたわけです。
情けないことに日本人は自分たちの手で政治犯を解放できなかったのです。そんな情けない国はないのです。そこで知識人が何の役割も果たさなかったことは、この時期の彼らの認識をよく表していると思います。

八木　同じ敗戦国のドイツではどうだったのでしょうか。

牧　ドイツは、自分たちが正当な選挙手続きで選んだ国家社会主義ドイツ労働者党（ナチ党）とヒトラーが第二次世界大戦を引き起こし、ユダヤ人に残虐なことをしたのですから、ドイツ人自身が自ら戦争責任を問い、戦争協力者を裁くべきでした。しかし敗戦後、強制収容所に収監されていた政治犯を解放したのは、占領軍でした。

八木　よく比較されますが、日本とドイツはだいぶ違います。なぜ違うのかですが、この問題に即して先生はどうお考えですか。

牧　だいぶどころではなく、全然違います。

ドイツは少なくともヴァイマル憲法（一九一九年、第一次世界大戦の敗北で起こったドイツ革命で帝政ドイツが崩壊し、制定された共和制憲法）をつくった経験があります。ナチ党が権力を掌握し、全権委任法が成立すると、事実上憲法は停止状態となり、第二次世界大戦に至るわけですが、その敗戦によって新しい憲法（一九四九年、ドイツ連邦共和国基本法＝ボン基本法、ドイツ民主共和国憲法）をつくったわけです。

日本の場合はそういう体験、つまり自分の手でつくった憲法は元からなく、天皇が定めた（欽定）憲法である大日本帝国憲法があったわけです。それによって国民は支配され、戦争にかり出されたわけです。権利意識などというものはごく一部の自覚的な人びとにしかありませんでした。そういう意識が、敗戦を迎えても主体的に動けなかった日本人を形づくっていたのではないでしょうか。

また、日本は主観的には相当な技量をもった国だと思っていたかも知れないけれど、アメリカからみれば後進国で、どうせ東洋の小国に過ぎず、劣った民族に過ぎないと思われていたのでしょう。アメリカにとっては、自分たちの祖先が住んでいたフランスやイギリスやドイツとは違うと思っていたでしょう。それらの国々については敬う気持ちさえあれ、蔑《さげす》む気持ちはないわけです。そこの違いはあったのではないかと思います。日本はアメリカから見れば、自分たちがしてやらなくては何もできない国だと思われていたのだと思います。

ドイツに対してはそれなりに尊敬していたところがあったので、ドイツ人自身が戦争犯罪を裁くことについても、それはもっともだと思ったのではないでしょうか。日本については程度の低い連中で、自分たちが裁いてやらないと、どこに向かうかわからないというので、東京裁判（極東国際軍事裁判、一九四六―四八）をやったのではないでしょうか。裏付けがあるわけではないからわかりませんけれどね。

ドイツでは、連合国により行われたニュルンベルク裁判後、ドイツ刑法によりドイツ人自身が戦争犯罪を裁き続けたのでした。

荒井　アジアはアメリカにとっては植民地として資源を取りにいく先だった、支配する先だったということなのでしょうか。

牧　利用するとか、働かせるとか、収奪するとか、搾取するとか、支配するとか、そういう対象として見ていたのだと思うのです。その点はヨーロッパを見ていた感覚とはまったく違う感覚で日本に接していたのだと思うのです。ある意味では、歴史の産物なのでいいとか悪いという問題ではなく、そうなってしまったとしかいいようがない問題なのかも知れません。

不幸にしてそういう対応が、はっきりと自分の意見をのべることを個人も政府も先進国に対してはしないという事態を招いたのかも知れません。

沈黙した知識人が多かった

牧　日本では知識人が戦後直後に自分の意見をのべたことはほとんどなかったと思います。鶴見俊輔（評論家、一九二二―二〇一五）が戦争中および戦後の日本の思想について本を書きましたが、自分の意見をのべたというのはそれほど多くはないのです。

八木　私はそのあたりのことを知りたいのです。戦争に積極的に協力した知識人として知られるのが、京都大学の西田幾多郎《にしだきたろう》や田辺元《たなべはじめ》ら哲学者のグループ・京都学派です。彼らは、日本がアジアの盟主として「満州国」・中華民国と経済共同体を形成し、東南アジアから資源を供給させ、南太平洋を国防圏として位置づける「大東亜共栄圏」の構想を合理化する論理をつくる形で、戦争協力をしました。彼らはそれを反省することなく、メンバーの一部は戦後も自民党保守政治に取り入ってきました。こうした系譜はいまも現実政治の中に生きていると思います。

牧　そこは本当に知識人がけしからんところだと思います。本当に食わせ者が多い。京都学派をもっとも明確に批判をした人は、戸坂潤だと思います。戸坂は『日本イデオロギー論』（岩波文庫、一九七七年）の中で、次のように書いているのです。

　吾々は何かの客観的で現実的な必要なしに、問題を取り上げてはならないのだ。それでは一体、西田哲学がなぜ今日特に取り上げられねばならないか。当然考慮しなければならぬ色々の条件を抜きにして、西田哲学が今日のわが国又は世界を通じて最も目立たしい有力な思索――グリューベライ――の産物だから、というだけではまだ十分な理由にならない。――昨今のようにありとあらゆる形態のファシズム・イデオロギーが白昼横行している世の中である。放送局・新聞社・雑誌社・等々が身を以て、与太とかインチキとかいう、哲学者が耳にするのも恥じるだろうような言葉の意味をば、毎日飽かずに体現して見せて呉れる世の中である。それで哲学者は敢然として「真理」のために奮起するのかと思えば決してそうではない。彼等は或いは意識的に、或いは無意識的にファシズム・イデオロギーを支持している、或いは支持する結果になっているのである。なぜなら、ファシズムの当面の敵・正反対物は何であるか、この反対物に対して、哲学者達はどういう見解と態度とを取っているか、それを見ればこの点は判るだろう。要するに哲学者はブルジョア・イデオローグなのである。――さてそこで、このブルジョア・イデオロギーの精髄としてのブルジョア哲学、そのブルジョア哲学のわが国に於ける代表者が、今日では他でもない西田哲学そのものであることが愈々明白になって来た、とそう私は考える。之が西田哲学を取り上げねばならぬと考える一般的な理由である。（二三五～二三六頁）

とのべ、ほとんど続いて、

曾て西田哲学は或る意味でジャーナリスティクな哲学であった（その頃は併し理

論的ジャーナリズムのアカデミーからの独立は極めて初歩の段階にあったが）、それ故それが流行ったのである。処が最近ではブルジョア哲学は一般にジャーナリスティクな進歩的なアッピールを失って、アカデミズムの塔の内に追い込まれて了《しま》った。ブルジョア哲学はアカデミー哲学としてか、又はアカデミーの俗流化した哲学としてしか、生存出来なくなった、西田哲学も亦その例にもれない。だから、西田哲学が封建的でファッショ的でさえありそうに見える現象は、実は夫がアカデミーの哲学でしかなくなりつつあることを示すものであり、即ち取りも直さず、西田哲学が、他でもないブルジョア社会にプロパーな哲学であることをここでも証拠立てているのである。

で、西田哲学が真のブルジョア哲学だとして、そのブルジョア哲学たる所以《ゆえん》は、積極的にどこにあるか。それは西田哲学的方法にあるわけであったが、方法はそれが使われる認識目的から見て決められねばならぬ。そういうやり口が今問題になる方法のことである。

とのべ、西田哲学が、ブルジョア社会にプロパーな哲学である、と批判しているのです。

荒井　戦争中に知識人はいろいろな境遇におかれました。京都学派のように軍部に協力して戦争を鼓舞した人たちもいたし、黙った人もいたし、獄中にとらえられた人もいたし、考えを変えてしまった人もいました。戦争直後の思想状況はそのときその場に居合わせた人でないと雰囲気がわからないところがありますが、どんな感じでしたか。

牧　さまざまな知識人の名が浮かぶのです。平野謙、平野義太郎、丸山眞男、大塚久雄、日高六郎など。しかし私には、この人だけは忘れられない人がいるのです。それは、三木清ですし、「むの・たけじ」（武野武治、一九一五—）です。この二人に戦後の知識人を代表させるのは、厳密な意味では似つかわしくないかも知れません。でも私はこの人たちに拘《こだわ》りたいのです。

三木清の『哲学ノート』（一九四一年、河出書房）の解説に「一つのことについてぼんやりと、あいまいに考えていたことが、三木さんと一緒にそれを考え直すことによって、自分の考え方がいかに粗雑であったかに気がつき、急に自分の頭が緻密になったような気がする」と河盛好蔵は書いています。

三木は、指導者が国民を把握する方法について書いています。「宣伝の効果がその場その場のものであるのに反して、教育の効果は持続的である。教育は指導する者と指導される者とが共通の理解をもって共通の目標に向って働くことも可能にする。（中略）宣伝はただ現在にあって、未来を知らない。これに反して教育は現在ある人間を作り変えることを目差している。教育は新しい人間の形成である。真の指導者は国民を新たに作り直すことによって目的を達しようとするのである。彼は政治は教育であることを理解して実践するものである。（『哲学ノート』中公文庫、五九頁）

現在にも通ずる名言ではないでしょうか。また、「むの・たけじ」は、一九四五年八月一五日に、朝日新聞社を退職したのでした。なぜ辞めたかというと、戦争責任を感じたからなのです。むのは、戦争中も、できる限り戦争協力の記事は書かないように努力していました。庶民の暮らし方や、村や町の姿を取材するようにしていたのです。

しかし、むのは、所詮《しょせん》自分のやってきたことは、大きな意味では戦争協力にほかならなかったと自覚して、敗戦のその日、八月一五日に朝日新聞社を辞めたのです。郷里に帰って農業をやろうと考えたのでした。しかし住んでいる地域からの発信をしたくなり、「たいまつ」という週刊紙を出すことになったのです（一九七八年に休刊）。

三木は、一九四五年九月二六日、獄中で死亡しましたが、私どもだけでなく、その著書『哲学ノート』は人々の関心を集めたのでした。私は幾多の知識人にも増して、この二人に、戦後日本の原点の思想を読むのです。それはまた同時に戦後の米ソ対立の、いわゆる冷戦構造を鋭く突くものでもありました。

冷戦が始まったのは一九四八年といわれていますが、独占禁止法が緩められて独占資本の復活について有利な条件が形成されたのが一九四八年ですから、その時期で右に舵《かじ》を切ったと一般的にはいわれています。

八木　一九四六年に新しい憲法ができ、翌四七年に施行されます。しかし、生まれたばかりの憲法九条はその直後に冷戦の下で再軍備が始まり、ねじ曲げられ始めます。そういう状況の中で戦争を問いなおすとか、客観的に考えられる状況ではなかったということでしょうか。

牧　私も冷戦下の日本ということが一番大きいと思います。野呂栄太郎（経済学、一九〇〇―一九三四）らの講座派（一九三〇年代前半に岩波書店から出た『日本資本主義発達史講座』を執筆したマルクス主義経済学のグループ）などは、すでに戦争中から天皇制にしても戦争にしても批判していました。ほかの知識人もそういう思想のことも知っていたわけですから、戦争が終わっていくら混乱していても、アメリカ進駐軍がどんなに力があったとしても、何かを問いなおすことはできたのではないかと思うのです。案外やっていた人もいたかも知れないのですが、それはわかりません。

東京裁判でA級戦犯（戦争犯罪類型A項「平和に対する罪」に該当する戦争犯罪）とされた二八人が処罰され、BC級戦犯裁判（B項「通例の戦争犯罪」またはC項「人道に対する罪」に該当する戦争犯罪で五七〇〇人が裁かれた）は行われましたが、天皇は訴追されませんでした。この過程できちんとものごとが清算されていれば、われわれが七〇年も経っていまのように戦争責任や植民地支配責任を問題にし続ける必要はなかったのです。戦争を問いなおす上で一番大事な時期が曖昧にされて今日に至っているといえるでしょう。

そのあとに朝鮮戦争（一九五〇―一九五三）が始まって、次第に自衛隊がつくられていくわけです。日本はサンフランシスコ講和条約（一九五一年）でアメリカが施してくれた「寛大な」講和のおかげで、戦争被害国への賠償金の支払いもほとんど免《まぬか》れ、天皇制も維持できました。代わりに、サンフランシスコ講和条約と同時に結ばれた日米安保条約で、冷戦下のアメリカ側の陣営にがっちりと組み込まれていったのです。

吉本隆明のこと

八木　牧先生は評論家の吉本隆明《よしもとたかあき》（一九二四―二〇一二）に関心を持っておられます。戦争の前後にあのような人はたくさんいました。知識がどれだけあったかということではなく、身のふり方の点です。戦争中は軍国少年だった吉本が、戦後は全共闘運動に共鳴して「新左翼知識人」といわれ、亡くなる直前には脱原発運動への批判を展開して「新右翼」ないしは「新・新右翼」などと評されました（『原発と御用学者――湯川秀樹から吉本隆明まで』土井淑平著、三一書房、二〇一二年）。

牧　そういう人はたくさんいたのです。矢川徳光《やがわとくみつ》（教育学、一九〇〇―一九八二）もそうです。戦争中は大日本青少年団本部の教養部長をしていたことから、戦後直後には公職追放（一九四六年、GHQが戦争犯罪者や戦争協力者に対して特定の公職に就くことを禁止した）になりました。その後はクルッとひっくり返り、共産党員になったのです。ソ連の教育理論や実践を紹介するなど、民間教育運動の理論的指導者として活躍しました。

吉本隆明の場合もそれに似たようなものです。一時共産党に入って、途中でやめた人もいくらでもいます。
しかし、私が吉本を立派だと思うのは、彼は戦後直後、食べていくために町工場を転々と渡り歩くのです。もちろん力仕事です。一方では文章を書いていて、初めは文章は売れなかったのですが、そのうちに売れるようになります。あのように大学にもどこにも属さないで、たったひとりで市井《しせい》の人として生きる、市井の人としてものを考える姿に惚れ込んだのです。
私たちが「知識人」と呼んでいる人は、どこかの大学の教員であったりすることが多く、小説を書いていたり文筆を業《なりわい》とする人、評論でご飯を食べている人はほとんどいません。自分自身で考えて自分で切ってみせる、自分が切るとこのように見える、その人自身の言葉で綴《つづ》ることができる人はめったにいないのです。

八木　吉本の著作に即して少しお話しください。

牧　吉本隆明は、『共同幻想論』（一九六八年、河出書房新社）を含む全著作のための「序」で、次のように書いています。「個々の人間が、共同観念の世界、たとえば政治とか法律とか国家とか宗教とかイデオロギーとかの共同性の場面に登場するときは、それ自体が、相対的には独立した観念の世界として、扱わなければならないし、また扱いうるということである。そう扱わないことから起る悲喜劇は、戦争期にしこたま体験してきたし、また、本稿の発表から現在までの四、五年のあいだにも、まざまざと体験したことであった」と説き始め、彼の共同幻想を古代に遡って展開しているのです。虚構のものであるにもかかわらず、「共同幻想」が、人びとを見事に捉えていく様が解明されています。

上原専禄《うえはらせんろく》先生（歴史学、一八九九―一九七五）が国民教育研究所の「国家と教育研究委員会」に出席されることがときどきあって、その折によく、物事を考えるときには、そのことを自分自身に内在的に問いかけて、そこから何が出てくるかということを出発点にしなさいと、いわれたのです。「世間の評価がどうだとか、活字文化の中でこのように評価されているということを基準にしてものごとを判断するのではなくて、まず自分の内側に問いかけて自分の内側の声が『奴《やつ》はだめだ』というのならば、どこがだめなのか、なぜなのかをもっと徹底して自分自身に問い詰めなさい。そういうことがなければあなた方はただ風評に惑わされている、新聞やテレビに動かされている浮遊物にしかすぎないのではないか。そんな浮遊物になりたくなかったら、内在的に問いかけ、自分自身に問うという心がけで物を見る、あるいは物を読むということをしなくてはいけないのではないか」といわれたことがあって、そう思って読むと、吉本隆明などはまさにそういう人としてはピッタりなのです。

流転を繰り返した人はいろいろいるのだけれども、そうではなくて、それほど戦後の社会そのものが流転を繰り返したということにほかならないのです。

八木 戦前の学問体系の中には、文系では法学・歴史学・経済学・文学・哲学などがありましたが、教育学はどういう位置づけだったのでしょうか。

牧 教育学の場合、哲学の一部として教育学が認知されていたという時期が昔はあったのです。それはハイデガー（ドイツの哲学者、一八八九―一九七六）やニーチェ（ドイツの哲学者、一八四四―一九〇〇）に代表される当時の哲学の一分野として扱われていたということが一つ。それから心理学の一部として扱われていたこともあったと思います。

明治の初めのころの段階では哲学に偏っていたのですが、その後文化が激しく変化するにつれて心理学に傾斜するようになり、私が東京大学教育学部で教わった宗像誠也《むなかたせいや》（一九〇八―一九七〇）の先生であった阿部重孝（教育行政学、一八九〇―一九三九）は、社会学もしくは社会心理学的な教育学でした。ですから、宗像誠也もそういう学者でした。

宗像誠也は一九三七年、城戸幡太郎《きどばんたろう》（教育心理学、一八九三―一九八五）らとともに教育科学研究会をつくり、それが昭和研究会（一九三三―一九四〇）に合流して、事実上の戦争協力をしていきました。昭和研究会は、のちに首相となり戦争を遂行した近衛《このえ》文麿《ふみまろ》（一八九一―一九四五）の政策研究団体で、後藤文夫（官僚・政治家、一八八四―一九八〇）などがメンバーになっていました。

戦争中は宗像は、「心身が異常でない限り、少し位からだが弱くても凡《すべ》て兵役に取ってはどうか。実践的な国民的信念、国民的教養を作り上げる精神教育をすることは勿論だ。身分も職業も学歴も問わず、全部が共同の営舎生活を一定期間するということは国民性格を錬成するのに必要な、また極めて有効な手段だと考えられる」（「臨戦体制は教育を圧迫するか」、『改造』一九四一年）と、徴兵による国民教育を説いていました。

宗像誠也に問う――なぜ戦争に加担したか

荒井　宗像氏については記憶に残っていることはありますか。

牧　私が東京大学で教育学を勉強するようになってからのことです。私は小沢有作（教育学、一九三一―二〇〇一）ほか二、三人の友人といっしょに宗像誠也に話を聞く集まりを

宗像誠也

持ったことがあります。学問的なこととは関係なく、宗像誠也を事実上問い詰める会になったのです。

「先生、昭和研究会があったのはご存じですね。戦争中、宗像先生がおやりになっていた教育科学研究会は昭和研究会の組織の一部となっていきました。昭和研究会はもっと合理的に戦争を遂行すべきだと学問的に追究する看板を掲げていながら、実際は戦争に協力したではないですか。その後の研究によれば、昭和研究会は、後の近衛による『東亜新秩序』・『大政翼賛会』に大きな影響を与えた政治運動であり、戦争に加担し、戦争犯罪に関係がある団体だということになっているではないですか。どうしてそうなったのですか」と問い詰めました。

初めは宗像先生は「私は、戦争というものがどうして起こるのかがよくわかっていなかった。国家独占資本主義なるものがいかなるもので、それが戦争とどういう関係があるかもわかっていなかった」などといっておられました。それに対して私は、「だめですよ、先生。私たちはそのころは小学生でしたから、小学生にそういういい訳をするのは、いい訳として通るかも知れませんが、先生は昭和六年に東京帝国大学を卒業なさっておられます。そのときの憲法の教授はどなたでしたか？　憲法の教授がみんな皇国史観（天皇を中心の歴史観で、日本民族の統合の中心を「万世一系の皇室」に求める思想）に統一されていた、そんなことはなかったでしょう。美濃部達吉《みのべたつきち》事件（一九三五年、天皇主権説を主張する穂積八束・上杉慎吉らに対して、美濃部は天皇機関説―国家法人説―を主張して、非難され、貴族院議員辞任に追い込まれた）が起きたのはいつですか。文学部国史学科の教授は平泉澄《ひらいずみきよし》（歴史学、一八九五―一九八四）の一派がほとんど占領していましたか。そうではない人がいたことを、私たちは、知っています。だから、先生がおっしゃることは、小学生にいうのならいい訳になるかも知れないけれど、私たちに対してはいい訳にはなりません」といいました。

結局、「分かった。申し訳なかった。君たちのいうとおりだ。私たちが戦争に協力するようになったのは、怖かったからだ」と宗像氏。「何が怖かったのですか？」「治安維持法が」というのです。一九二五年に制定された治安維持法は二八年には最高刑が懲役一〇年から死刑に引き上げられていました。「表現の自由が奪われる、身体の自由が奪われる、やがては命が奪われるかも知れないという恐怖に打ち勝つことができなかったので、やむを得ず戦争に協力するという道を選んでしまったのだ」といったのです。

そのときは小沢君と「率直な人だね。今日はまあこれでいいか」「うん。じゃあ今日はやめにしよう」ということにして、それ以上追及するのはやめました。

宗像は、戦後はそういうくびきから解放されて、勝田守一《かつたもりかず》（教育学、一九〇八―一九六九）と宮原誠一という二人の教育学者とともに、民主教育の三人の騎手として「3M《スリーエム》」（宗像＝教育行政学、勝田＝教育学、宮原＝社会教育学）などと呼ばれて華々しく登場しました。意気揚々と戦後民主主義の旗を振ったのです。なぜそのように変わることができたのか。本当はそのことを聞きたかったのです。もう一歩突っ込むべきだったといまは思います。

だから私は知識人・学者というのは信用できないのです。戦争中に行ったこと、いったり書いたりしたことと、戦後の行動や言動との関係がまったく矛盾しているにもかかわらず、釈明することがないのです。

責任をとった者は少数

八木　責任をとった人は一人もいないということですか。

牧　いたら教えてほしいのです。私の知っている限りでは、さきに紹介した「むの・たけじ」は敗戦の日に朝日新聞の記者を辞めました。私は、多くの知識人の本を読みましたが、「むの・たけじ」ほど潔《いさぎよ》い人を知りません。多くの知識人が、自分の座標軸を変えて、戦後も保身をはかったわけなので、本当に私は、心から、むのを尊敬しております。もう一〇〇歳を超えましたが、いまでも表現の自由、反戦・平和のために発言しています。

鈴木貫太郎内閣で敗戦のとき陸軍大臣だった阿南惟幾《あなみこれちか》（一八八七―一九四五）は自害しました。陸軍大佐だった親泊　朝省《おやどまりちょうせい》（一九〇三―一九四五）も自害しました。現役軍人として総理大臣に就任し敗戦直前まで戦争を指揮した東條英機（一八八四―一九四八）は、一九四八年にA級およびBC級戦犯として死刑となりました。近衛文麿は一度は自害をしようとしたのですが失敗し、その後、一九四五年にA級戦犯に指定され服毒自殺しました。

阿南惟幾にしても親泊朝省にしても、国民に謝罪をするとか、惨殺したたくさんの中国人、東南アジア諸国民に謝罪するという意味で自らの命を絶ったわけではなく、「敗戦の責任をとる」「天皇陛下に対して申し訳ない」ということで自害をしたのです。まっとうな意味で自らの戦争犯罪を認めた人は寡聞《かぶん》にして知らないのです。

八木　敗戦直後に東久邇《ひがしくに》内閣が唱えた「一億総懺悔《ざんげ》」は、戦争に負けたことを植民地朝鮮・台湾を含む一億「国民」が、皇居の玉砂利に頭をすりつけて天皇に詫びるという意味でした。一九六四年生まれの私は、この言葉を最初に聞いたとき、戦争の加害責任を感じてアジア諸国民に詫びることだと思ったのです。素直な子どもだったのですね（笑）。私が子どものころの教育に、そう思わせる内実があったのでしょう。天皇が詫びたならまだしも、天皇に詫びていたというのにはびっくりしました。

牧　ハハハ。「一億総懺悔」というのはあなたの発想とはまったく反対です。中国人を「チャンコロ」と呼んでいた時代ですから、その人たちの死体が転がっていたとしても、見えていても見えなかったような日本人です。日本人はずっと戦後五〇年ころまで、原爆のことと東京大空襲のこと、満州から引き揚げてきたときはどうしたとか、戦争での被害の話ばかりをしていたのです。

「では、南京大虐殺はどういうものだったのか」などというと、袋だたきに遭うような雰囲気でした。多くの日本人は、アジア諸国に対して何をしたかなどということには、考えが及ばなかったのです。

八木　でも南京大虐殺（一九三七年）は東京裁判で取り上げられ、「南京攻略戦」を指揮した中支那方面軍司令官・松井石根《まついいわね》（一八七八―一九四八）は絞首刑に処せられたのですよね。

牧　当時、南京大虐殺の発生を知っていた日本人は軍・政府上層部など一部に限られていて、戦争中に報道管制と言論統制の下にあった一般の日本人は知りませんでした。

荒井　「南京攻略」を祝う提灯《ちょうちん》行列をした記憶はあっても、それが何だったのかは知らなかったのですね。

牧　それに、敗戦直後の日本人にとっては、空襲や食料不足などの戦争被害者としての記憶が戦争の実感でしたから、それが歴史認識に反映しているといわれています（笠原十九司著『南京事件』岩波新書、一九九七年）。それをいいことに、南京大虐殺は歴史修正主義の人たちの〝餌食《えじき》〟になっています。歴史修正主義というのは、「新しい歴史教科書をつくる会」（一九九六―）にみられるように、日本がアジア諸国で行った加害の事実に向き合おうとすることを「自虐史観」と呼んで攻撃し、南京大虐殺や慰安婦問題などをなかったかのようにして歴史の事実をひん曲げてしまう人たちのことです。

こういう歴史の偽造というか、欺瞞《ぎまん》に満ちた虚構の歴史の中に育った日本人は困ります。戦争直後にはっきりさせておけば、こんなことにはならなかったのです。出発点が間違っていたのです。

荒井 事実を知らなくても、天皇に詫びるためではない別の責任のとり方をする人が何人かでもいれば、なぜ責任をとらなければいけなかったのかと国民が疑問を持ち、歴史の事実を知っていく道筋がつくれたはずです。

牧 国民の認識があのようにつくられてしまったから仕方がないといってしまうと話がおしまいになって収まりがつきません。主体性がないこと、無責任であること、他者への共感がないこと、なんといっても個としての人間が確立していないことが日本人の最大の欠陥なのです。日本人はそのように育てられたのです。

八木 牧先生ご自身も、そのような日本人の一人であると自覚されるときはありましたか。

在日朝鮮人は何を食っているか

牧　在日朝鮮人でごくごく仲がいい友人がいました。私が静岡大学に勤務しているころ、安倍川の河川敷の番外地に、掘っ立て小屋をたくさん建てて、在日朝鮮人が住んでおりました。どぶろく（発酵させただけの白く濁った酒）をつくり、売ったりしていたのです。

友人の在日朝鮮人といっしょにその部落に行き、居酒屋に入ってどぶろくを飲んでいると、その友人が、「お前なあ、俺たちが何を食って生きているか、知っているか？」と聞きます。「少ない米の飯に麦や粟《あわ》や稗《ひえ》を入れて食べているんだろう」と答えますと、「いや、そうじゃない。おかずだ。おかずに何を食べているか、知っているか？」「いや、知らない」、「川の中に生えている草があるだろう。あの草を採ってきて、あれに味つけをして、おかずにして食ったことあるか？」「いや、そんなことはしたことないよ。食ったこともないよ」。

「それじゃあ、俺たちが働く場所、どんな場所があるか知っているか？　どんな仕事があるか、どのくらい知っている？」「うーん、そうだなあ。お前らが働けるのは、鉄くず拾いだろ。それから、どぶろく売るのだよなあ。それに土方だよな。あとは何だろうなあ……。うーん……。ちょっと金のあるやつは、焼き肉屋やったり、パチンコ屋やってるかなあ」というような話をしたのです。

「それ見ろ。お前らのように普通の勤め人で過ごしている朝鮮人がいるか？　いないだろう」「そういわれりゃ、いないなあ。俺たちと同じように働いているやつはいないなあ」「そのことをいっているんだ、俺は。戦争が終わって、朝鮮は日本の植民地じゃなくなった。朝鮮も独立した。だけど日本にいる朝鮮人は相変わらず差別されて、仕事もままならない。それに俺たちがもらう日当は日本人の半分だぞ。そういう状態で生きている。そういうことにちょっとは目を向けて、少しは考えてみたらどうだ、ばかやろう」

友だちだから「ばかやろう」ぐらいは出るのは当たり前なのですが、そんな一幕があったりしました。

八木　うーん、辛いですね。

牧　あるいは、琉球大学の田港朝昭《たみなとともあき》（一九三一―）という歴史学者がうちに遊びに来たことがありました。

「牧さんねえ、敗戦の日というのはいつだった？」と聞きます。「敗戦の日というのは八月一五日っていうふうになっているんだけど」と答えると、「だからさあ、『お前が思う敗戦の日っていうのは、いつだった?』と聞かれたら、何ていうんだ?」と。聞かれた意味がわからなくて、「お前が思う敗戦の日」といわれても答えようがなくて、八月一五日といっちゃったのです。

「俺は、そういうことを聞いているんじゃないんだ。不幸にして沖縄は戦場になった。だから、戦闘行為が終わった時点で戦争が終わった。戦争が負けて終わったと自覚した。中央からだんだん攻めてきて、首里の端で戦闘行為が終わったのは六月二三日だ。だから、俺たちが『敗戦の日』というのは、六月二三日だ」

そうです。六月二三日は沖縄の慰霊の日となっています。

さらに「じゃあ、自分の内側からものを見るっていうことを、お前らはやらないんだな」といいます。そこまでいわれてしまうと、私も少し頭にきてしまうのだけれど、しかし、戦争中には「二月一一日は紀元節です」などと、人からいわれたことをおうむ返しにいってきたのを思い起こして、「ああ、何とも情けない。自分の内側から自己内発的に何かを考える、何かを思うということができないようにつくられちゃったんだな」と、そのときしみじみ思ったのです。

(3) 慚愧《ざんき》の念に生きた人がいた

木村久夫と五十嵐顕

荒井 牧先生の周囲には戦争責任を自覚し、晩年を慚愧の念をもって生きた人がいたわけですね。

牧 五十嵐顕《いがらしあきら》(教育学、一九一六―一九九五)です。

一九四三年、戦局の悪化による兵力不足を補うために、理工系と教員養成系を除く文科系の高等教育諸学校(旧制大学、旧制高校、旧制専門学校)の在学生の徴兵延期措置が撤廃され、二〇歳以上の学生を在学途中で徴兵し、出征させる「学徒出陣」が行われました。四四年には徴兵年齢が一九歳に引き下げられて、学徒兵の数は一三万人にもなったと推定されています。戦局の悪化の中で、学徒兵からも特別攻撃隊(特攻隊、爆弾を積んだ飛行機やボートもろとも敵に突っ込み自爆攻撃をする部隊）に配属されるなどして、かなりの数の学生が戦死しました。

五十嵐は学徒出陣の学生よりは少し年上だったものですから、その前に軍隊に入っていて、幹部候補生の試験を受けたのです。そして学徒出陣のころは将校としてジャワ（インドネシア）にいて、現地に来た学徒兵たちを訓練する教官の役割を果たしていました。五十嵐は訓練生となって自分の部下になり、学業半ばにして亡くなってしまった、こうした青年たちのことを、痛恨事として生涯忘れることはなかったのです。

有名な『きけ　わだつみのこえ』は、アジア太平洋戦争末期に戦死した学徒兵の遺書を集めたもので、出版当初から大きな反響を呼び、いまも読み継がれています。この中に出てくる木村久夫（旧制高知高等学校を卒業し、京都大学経済学部に入学）という学徒兵がいます。五十嵐は木村の遺書と〝対話〟をすることに晩年のほぼ二〇年間を費やしたのです。五十嵐と木村は直接面識はありませんでしたし、木村はすでにこの世にいないわけですから、五十嵐から木村への一方的な思いだったのですが、手紙を書き続けたのです。

八木　『きけ　わだつみのこえ』の木村の遺書は特に感動的なものとして知られています。この方はどういう方だったのでしょう。

牧　木村は京都大学の学生のとき、一九四二年に召集され、陸軍上等兵としてインド洋のカーニコバル島で通訳などをしていましたが、スパイ容疑で住民を取り調べたときに拷問で死なせたとして、一九四六年シンガポールの刑務所で、BC級戦犯として二八歳で処刑されました。

木村は、死刑判決を受けた後に獄中で元上官から田辺元（一八八五―一九六二、西田幾多郎とともに京都学派を代表する思想家）の著作『哲学通論』を入手します。かつて京都の自分の書斎で一度読んだことがあった本でしたが、獄中でさらに三回熟読するのです。それは処刑を目前にした木村にとっては最後の読書となりました。その過程で本の余白に遺書を書き綴ったのです。この遺書は、旧制高知高校時代の恩師・塩尻公明に託され、一九四八年に「或《あ》る遺書について」として、抜粋が雑誌『新潮』に発表され、初めて公になりました。

八木　「東京新聞」二〇一四年四月二九日付によると、木村はもう一通父あての遺書を書いていて、それは原稿用紙に書かれていたそうですが、最近発見されたと報じられています。

牧　そうなのです。『きけ わだつみのこえ』に掲載された木村の遺書とされる文章は、『哲学通論』余白の書き込みと、父あての遺書、この二つを「編集」したものであることが明らかになったのです。「編集」とは、『哲学通論』に書かれた陸軍批判の部分が削除されたり、二つの遺書のどこにもない言葉が加筆されたり、「辞世」の歌二首も、一つは違うものだったということのようです。

八木　五十嵐顕先生はもちろんこうした新事実は知らなかったわけですね。

牧　でも、もし知ったら興味をもったと思います。有田芳生《ありたよしふ》参議院議員（一九五二―）が、木村が『哲学通論』の余白に記した遺書をブログで公開しています。本書の若い読者のために、当時の学徒兵が何を考えて死んでいったかの手がかりになるので、ごく部分的にですが見てみましょう。（原文はカタカナ書き、ルビは本書執筆にあたって追加）

死の数日前偶然に此《こ》の書を手に入れた。死ぬ迄《まで》にもう一度之《これ》を読んで死に赴《おもむ》こうと考えた。四年前私の書斎で一読した時の事を思い出し乍《なが》ら。コンクリートの寝台の上で遥かな古郷、我が来し方を想ひ乍ら、死の影を浴び乍ら、数日後には断頭台の露と消ゆる身ではあるが、私の熱情は矢張《やは》り学の途にあった事を最後にもう一度想ひ出すのである。

私は此の書を充分理解することが出来る。学問より離れて既に四年、其《そ》の今日に於《お》いても猶《なお》、難解を以《もっ》て著名な本書をさしたる困難なしに読み得る今の私の頭脳を我れ乍ら有難く思うと共に、過去に於ける私の学的生活の精進《しょうじん》を振り帰《ママ》って楽しく味あるものと吾《わ》れ乍ら喜ぶのである。

かにかくに凡《すべ》て名残りは盡《つ》きざれど学成らざるは更に悲しき

大きな歴史の転換の影には私の様な蔭の犠牲が幾多あったものなるかと過去の歴史に照らして知る時、全く無意味ではあるが私の死も大きな世界歴史の命ずる所なりと感知するのである。

日本は負けたのである。全世界の憤怒《ふんぬ》と非難との真只中《まっただなか》に負けたのである。日本は無理をした。非難する可《べ》き事も随分として来た。全世界の怒りも無理はない。世界全人の気晴らしの一つとして今私は死んで行くのである。否殺されて行くのである。之で世界人の気持が少しでも静まればよいのである。それは将来の日本に幸福の種を残すことだ。

私は何等死に値する悪はした事はない。悪を為《な》したのは他の人である。然《しか》し今の場合弁解は成立しない。江戸の仇《あだ》を長崎で打たれたのであるが、全世界からして見れば彼も私も同じく日本人である。即ち同じなのである。

日本の軍人、殊《こと》に陸軍の軍人は、私達の予測していた通り矢張り、国を亡した奴であり、凡《すべ》ての虚飾を取り去れば私欲、其の物の他に何物でもなかった。今度の私の事件に於ても最も態度の賎《いや》しかったのも陸軍の将校連中であった。

此の軍人を代表するものとして東條前首相がある。更に彼の終戦に於て自殺は何たる事か。無責任なる事甚《はなは》だしい。之が日本軍人の凡《すべ》てであるのだ。然《しか》し国民は之等軍人を非難する前に、斯《か》かる軍人の存在を許容し又養って来た事を知り、結局の責任は日本国民全般の知能程度の低かったことにあるのである。

紺碧の空に消えゆく生命かな

荒井　「私の熱情は矢張り学の途にあった事を最後にもう一度想ひ出す」というのは、学業半ばにして死ななければならなかった若者の思いとしてなんと切ないのでしょう。

牧　本当にそうです。いま引用した中で「日本の軍人、殊に陸軍の軍人は、私達の予測していた通り矢張り、国を亡した奴であり、凡ての虚飾を取り去れば私欲、其の物の他に何物でもなかった」という箇所は、『きけ　わだつみのこえ』では削除され、「今度の私の事件に於ても……」にすぐ続いています。「此の軍人を代表するものとして東條前首相がある。更に彼の終戦に於て自殺は何たる事か。無責任なる事甚だしい。之が日本軍人の凡てであるのだ」も削除され、「然し国民は之等軍人を……」に続いています。

つまり、陸軍全体や幹部、総理大臣といった上層部への批判は削られ、軍人一般の行いへの批判くらいは残したということのようです。

返事の来ない手紙

八木　そういう「編集」を経たものだったとしても、『きけ わだつみのこえ』に載った木村の遺書の意味は失われるものではありませんね。

牧　そうです。五十嵐は東大を辞めて中京大学に移ったころから、しきりにそういう青年たちの話をするようになり、「なんてことをしたのだ」と痛恨の情で悶々《もんもん》とした晩年を過ごし、たくさん執筆しました。

五十嵐は一字一句、何回も何回もこの木村の遺書を読み、あげくの果てに、当時シンガポールの宗主国だったイギリスの公文書館に問い合わせて、戦犯の公判記録を見る作業までして、どういう公判であったのかも含めて、ごくごくていねいに調べたのです。そして木村あてに手紙を書いています。

もちろん木村は読めないし、返事も来ないのですが、「君がいう『日本国民の遠い責任』とはいつのことだ？」と問う。木村は満州事変のことを念頭に置いて書いているのですけれども、五十嵐は「いや、君、そうじゃないだろう。『遠い責任』というふうにいえば、一九一〇年の朝鮮併合のことを思うべきだ」と反論を書いている。反論を書いても、もちろん答えが返ってくるはずはないのですけれども。

五十嵐は、こうも書いています。

君が戦争責任の問題を提出したことは重要でありました。君の遺書が十年も前から私をとらえて離さないのはこのためです。『きけ　わだつみのこえ』の第一集、第二集の戦没学生諸兄は、まだ「日本がこれまであえてして来た無理非道」について、また「敗戦と判っていながらこの戦を起こした軍部」と「軍部の行動を許してきた全日本国民の責任」について書くことはできませんでした。それは戦没学生が書くことを禁止抑制されていたからだけではなく、彼らが国家の要求と自分の立場との矛盾を屈折して考えてのことであったろうとおもいます。武器による戦いが終止したからといって批判と反省は必ずしも表現できるまでに養われていたのではなかったといえます。

木村君、君がチャンギー刑務所――そこへは敗戦直前のある時、第七方面軍司令部に勤めていた私はその刑務所長を護衛して行くように命ぜられたことがありました。刑務所へ行くのに通らなければならない中国人街で将校旗を立てた自動車を囲むようにして道路に集まっていた人々の恨むような目付きは忘れることはできません――で苦しんでいたとき、私は戦時捕虜とはいえ、地図に出ていない赤道直下の無人島だったところで開拓自営の生活をゆるされていましたが、君の「日本がこれまであえてして来た無理非道」や、「全日本国民の遠い責任」にたいして全く無自覚であったことを告白しなければなりません。

（中略）

木村君がこの問題を出された文脈上の経緯にかかわらず、これは根底的であると考えるのです。私はこの問題を考えることは戦没学生諸君が体験した武器による苛《か》烈《れつ》な戦争、木村君らが体験された武器によらないとはいえ、それにまさる痛烈な戦争に続くべき、戦争であるとも考えられるのです。それは戦争原因のうちの日本国家・国民の責任にむけての武器なき戦争であると考えられるのです。木村君、君たちを犠牲にして得られた平和は、戦いのない世間体のことでなく、比喩以上の意味合いでの戦いではないでしょうか。

さて木村君、君の遺書は「遠い責任」といっています。この「遠い」とは明らかに歴史的な意味であろうとおもいます。木村君の遺書にそくしていえば、「日本がこれまであえてしてきた数限りない無理非道」の歴史的由来を意味していると考えていいでしょうか。私はこのように考えるのですが、「数限りない」と形容するよりも、むしろ限定された、特定の無理非道、あるいは「数限りない無理非道」の根源となった特定の「無理非道」を考えるべきではないかとおもうのです。木村君、私は今この拙文をもって語りかけている時、この根源は何であるかについて君と徹夜の討論をしたいほどです。
しかもそれは厳密にいって日本の国家がおこなった「無理非道」であるだけでなく、またその体制だけでなく、それが国民の心性となって、もはや自覚されなくなってしまったところの「無理非道」です。こういうことは、君が逝かれてからほぼ半世紀もたってからようやく申し上げられるのです。このことについては徹夜の討論を必要としますが、今ここでは一九一〇年を画期とする日本による韓国の併合と、その後の韓国、韓国民に対する日本、日本人の無理非道を私は提起したいのです。とはいえ私は君に向かって問題を提起しようというのではなく、君のいわれる「遠い」の意味をこのように私は受け取っていると申し上げたいのです。

（中略）

そして五十嵐はこの章を、次のように結んでいるのです。

学徒兵木村久夫の最期の言葉として、君の「全日本国民の遠い責任」は、私たちの国家、歴史、生死、愛にたいする認識の吟味を迫るものではないでしょうか。そして私たちがそこから自分の教養の糧《かて》を汲みとった、先学先輩の文化にたいする私たちの取り組みを吟味させないでしょうか。木村君が最期の言葉を日本の哲学者田辺元先生の著書に書き込まれたことは、偶然の事情を含みつつも、何か象徴的なことです。木村君、私は君の「全日本国民の遠い責任」の一つの課題として、戦没か生存かを問わず学徒兵自身の文化と教養を考えてみたいと考えます。

木村久夫――京大経済学部学生。一九四二年十月入営。四六年五月二十三日シンガポール、チャンギー刑務所において戦犯刑死。陸軍上等兵。二八歳。

遺作より

みんなみの露と消えゆくいのちもて朝がゆすする心かなしも
おののきも悲しみもなし絞首台母の笑顔をいだきてゆかむ

（『「わだつみのこえ」を聴く――戦争責任と人間の罪との間』青木書店、一九九六年）

荒井　五十嵐先生はどういう思いで手紙を書いたのでしょうか。

牧　五十嵐は自分が犯した罪のことを思っていたのです。学徒兵の訓練をすることで戦争に協力した。その学徒兵がたくさん戦争で死んでしまった。そればかりではない。学徒兵によって殺された、たくさんのほかの国々の人々もいるわけです。それらを引っくるめて深い、深い悔恨の情にさいなまれて、それをどうやって克服するかに、生涯を捧げたのです。

私は五十嵐のこういう晩年の過ごし方をみるにつけ、「死者たちによって私たちは裁かれている」と思い直すことはできないだろうかと考えるようになりました。

(4) 他者とともに生きる、死者とともに生きる

二人称の死と三人称の死

八木　「死者たちによって私たちは裁かれている」とはどういうことですか。

牧　「死者」にはどんな死者があるかを、「一人称、二人称、三人称」と分けて考えてみたいと思います。

「一人称の死」は自分の死ですから、私たちは見ることはできません。ですからこれは

不能に属します。通常は「二人称の死」です。夫が亡くなったとか、父親が死んだとか、兄が死んだとか、娘を亡くしたとかという、そういう二人称で呼べるような相手が対象になっている死が、私たちが日常出会う「死」で最も多いだろうと思うのです。

「三人称」というのは、その他大勢ということになります。その他大勢となってきますと、これは数の問題になります。例えば、「第二次世界大戦で日本で三一〇万人以上の方が亡くなった」というと、「三一〇万」という数によって表されるわけです。第二次世界大戦での犠牲者数はアジアでは二一〇〇万人から二二〇〇万人、全世界で五〇〇〇万人から八〇〇〇万人といわれています。世界の人口の二・五%以上が亡くなったそうです。東京大空襲で十数万人の方が亡くなりました。広島に原子爆弾が落ちて、その年のうちに一四万人（広島市ウェブサイト）、長崎では七万四〇〇〇人（二〇一五年長崎平和宣言）の方が亡くなりました。

八木　たしかに、災害などでも一万人亡くなった場合と、一〇〇人亡くなった場合では、一万人亡くなった方が悲惨な災害だったと思ってしまいますが、亡くなった一人ひとりやその遺族にとってみれば、これ以上重いものはないわけです。

牧　そのようにまとめてしまうと、「数」になってしまい、非常に抽象化されてしまうのです。「モノ化」されてしまうといってもいいかと思います。実際は、日本で三一〇万人の方が亡くなったといっても、そこに細かく分け入ってみれば、それは、「ああ、あのときにお母さんが亡くなった」、「あのとき、妹とお母さんと私といっしょに逃げたけれど、お母さんと妹は逃げ遅れて死んでしまった」などと、みんな「二人称の死」につながっていくものなのです。しかしいったんまとめてしまうと「ああ、そうか。三〇〇万人も死んだのか。ああ、そうなんだ。大変なことだな」と、何か抽象的な言葉に聞こえるようになってしまいます。

ここにある種の秘密がありまして、人間の死というものを物の数と同じように数える。ひとまとめに、ひとからげにして扱う方が便利だ、合理的だ、説明がよくできる、そう考えてしまうのでしょう。そういう歴史観がもっぱら私たちが習ってきた歴史観になってしまっているのです。本当はもっと掘り下げて、一人ひとりの暮らし方、一人ひとりの亡くなり方に迫り、どういう気持ちで、どういう暮らし方をして亡くなったのかを追求するところまでできればいいのですが、これは大事業で、そう簡単にできることではありません。

荒井　その意味では五十嵐先生は木村久夫という一人の学徒兵の死の意味を徹底的に掘

り下げることによって「三人称の死」を「二人称の死」に近づけたわけですね。

自己内在的に追求する

牧　それは「自分の中に他者がいる」「他者とともに生きる」ことなのであって、この場合は戦争で亡くなった「他者」つまり「死者」が自分の中にいて、それとともに生きるということです。それを教えてくれたのは、上原専禄先生でした。

荒井　上原先生とはご面識があったのですか。

牧　はい。上原先生は民主教育研究所の研究会議議長でした。私は「国家と教育研究委員会」に属していて、上原は気が向いたときに、この研究委員会にも出席されてお話をされるわけです。先生は奥様を早い時期に亡くされました。未来社のＰＲ誌に「妻によって裁かれる己」というエッセイを書かれたのです。これが衝撃的でした。

「あなたはドイツ中世経済史をやっているけれど、なぜ歴史をやるようになったの？　なぜそれがドイツ中世経済史なの？　あなたは一橋大学で学生を教えているけれど、ということは国民教育の一部を担っているということだけれど、どうして教育を担うつもりになったの？　どういうことをやって、どういう成果があったの？　そのことをどう思っているの？」と、絶えず亡くなった妻から「私」は問われ続けているというのです。

上原はこのような素朴な問いかけに困惑し、悩むわけです。自分の内側に向かって、大学で研究・教育をやっていることはどういう意味があるのか、そのことが小学校から大学までの国民教育制度の中で、どんな位置を占めているのかと問うわけです。上原は、生者と死者を峻別《しゅんべつ》することに否定的でした。つまり、生者のみの世界に私たちは暮らしているように思えるけれども、実は、私たちは死者によって裁かれて生きているのだと考えているのでした。

荒井　上原専禄は、アジアやインドの独立や民族の自立などについて考えられ、自己・他者関係だけではなく、お連れ合いの死について「死者とともに生きる」という視点を出されました。さらに日蓮が生きた時代を分析し、いま生きている人だけでなく、歴史の中で自分がどう生きるかに視点を広げた方だったと思います。

いまの大学生くらいの若者は、自分が生まれた前の時代を総称して「昔」というのです。この歴史感覚はどうなのだろうと思ってしまいます。でも、おもしろい歴史を学ぶと、自

郵 便 は が き

料金受取人払郵便

神田局
承認

2625

差出有効期間
平成29年10月
31日まで

101−8791

507

東京都千代田区西神田
2-5-11出版輸送ビル2F

㈱花 伝 社 行

ふりがな
お名前

お電話

ご住所（〒　　　　　　　）
（送り先）

◎新しい読者をご紹介ください。

ふりがな
お名前

お電話

ご住所（〒　　　　　　　）
（送り先）

愛読者カード

このたびは小社の本をお買い上げ頂き、ありがとうございます。今後の企画の参考とさせて頂きますのでお手数ですが、ご記入の上お送り下さい。

書 名

本書についてのご感想をお聞かせ下さい。また、今後の出版物についてのご意見などを、お寄せ下さい。

◎購読注文書◎

ご注文日　　年　　月　　日

書　　名	冊　数

代金は本の発送の際、振替用紙を同封いたしますので、それでお支払い下さい。（2冊以上送料無料）

なおご注文は　FAX　03-3239-8272　または
メール　kadensha@muf.biglobe.ne.jp
でも受け付けております。

分がどういう歴史の中で生きているかを考えることができるわけで、それがないと他者とともに生きているという感覚を持てません。本来は、権利としての教育はそういうものをすべての人に保障するためにつくられたはずです。それがないと人間は生きられないとすると、他者と豊かに生きられる関係をどうしたらつくれるかが、次の世代の課題です。

牧　上原は、「物事を自己内在的に追求してみたまえ」というのです。もう一つ、繰り返しいっていたのは「死者によって裁かれるものとしてのわれわれ」ということでした。上原の場合は妻の死がそのような思考の出発点だったのですが、私が勝手に話を広げてしまいますと、さきほどのべた第二次世界大戦で亡くなった方々の審判に応える生き方を私たちはしているだろうか、と問われ続けているのだと私は思うのです。「お前自身の内側に、戦争に協力したとか、戦争の犯罪性について問うことがなかったのかという己がいたとすると、己と対話することを通じて亡くなった人々の審判に応えるように生きてきたか、考え直してみようじゃないか」という問題提起を、上原はしていたのではないでしょうか。

八木　安倍首相は戦後七〇年談話の中で、「あの戦争には何ら関わりのない、私たちの子や孫、そしてその先の世代の子どもたちに、謝罪を続ける宿命を背負わせてはなりません」とのべましたが、あれはどういう意味だったのでしょうか。

牧　自民党の稲田朋美政調会長が、首相談話が出る数日前に、「未来永劫《えいごう》謝罪を続けるのは違う」などと、謝罪の文言を盛り込むべきではないとの認識を示していました。安倍と稲田は思想的に近いですからね。安倍首相の認識も本当はこれに近いのではないかと思います。ただ、この談話で日中関係、日韓関係の改善を図りたいとか、歴史認識問題を終わりにしたいと願っていた安倍は、政治的思惑でこの談話を出すことにしたといわれています。

八木　結局、談話に「深く頭《こうべ》を垂れ、痛惜の念を表す」「言葉を失い、ただただ、断腸の念を禁じ得ません」「我が国は、先の大戦における行いについて、繰り返し、痛切な反省と心からのお詫びの気持ちを表明してきました」などと謝罪のニュアンスを入れたのは、公明党が票を失うのを恐れて入れさせた経緯があったようですが……。

牧　お詫びというのは、政治や票のためにするものではありません。日本人であれば世代を超えて、死者によって裁かれる責任を背負わなければならないのではないかと考えます。私自身も、教員であった宗像誠也を糾弾することで足りるということにはならないのです。

私は、戦争中はすでに軍国少年として、好むと好まざるとにかかわらず戦争に協力することを期待されて、その期待に違《たが》わぬように暮らしていたわけですから、死者によって裁かれるべき存在だといってもいい過ぎではないのです。私たちの世代は、軍国主義の時代の少年として生き、戦後の解放された時期も生きてきたし、アメリカの占領下で占領軍に尻尾《しっぽ》を振って経済的な成長を期待していた時期も、全部ひっくるめて生きてきたわけです。ですから、戦争と私たちはどういう関係にあったのかを、もっと深く追求する必要があると思うのです。

第三章

新しい憲法の下で

学ぶことと働くことの統合

（1）新しい憲法をどう迎えたか

八木　第二章では、戦争責任について、牧先生がどう考えてこられたかをお聞きしてきました。ここでは、憲法そのものについて、どのように受け止め、学び、研究や生活に生かしてこられたかをうかがいたいと思います。

牧　私は一九四七年四月から旧制静岡高校に進みました。前年一一月に憲法が公布され、その年の五月に施行されました。憲法に何が書いてあるかを理解するようになったのは、そこでの社会の時間でした。

一九四七年八月に文部省が作成した新制中学校一年生用の社会科の教科書として『あたらしい憲法のはなし』ができました（二〇〇一年に童話屋から文庫として発行。インターネットの「青空文庫」になっており無料で見ることができる）。私たちも高等学校でそれを使ったと思うのですが、直接勉強した記憶はあまりありません。中学生向けで、ひとつの教材として参考資料か何かで配られたのではなかったでしょうか。

『あたらしい憲法のはなし』を読む

荒井　『あたらしい憲法のはなし』で学んだのは、先生より少し下の世代ですね。この教材で戦後民主主義の始まりを感じた方が多かったのではないでしょうか。

牧　実際にはどのように新しい憲法が教えられたのか、国民の中でどのようにとらえられたのか、そもそも憲法とは何かを考えるために、いっしょに読んでみましょうか。

荒井・八木　はい。

牧　いま、この憲法がどういう扱いをされているかという現状と比較してみると興味深いですよ。印象深いところを読んでみます。（引用は旧字）

みなさんは日本國民のうちのひとりです。國民のひとり〴〵が、かしこくなり、強くならなければ、國民ぜんたいがかしこく、また、強くなれません。國の力のもとは、ひとり〳〵の國民にあります。そこで國は、この國民のひとり〳〵の力をはっきりとみとめて、しっかりと守ってゆくのです。そのために、國民のひとり〳〵に、いろいろ大事な権利があることを、憲法できめているのです。この國民の大事な権利のことを「基本的人権」というのです。

これまであった憲法は、明治二十二年にできたもので、これは明治天皇がおつくりになって、國民にあたえられたものです。しかし、こんどのあたらしい憲法は、日本國民がじぶんでつくったもので、日本國民ぜんたいの意見で、自由につくられたものであります。この國民ぜんたいの意見を知るために、昭和二十一年四月十日に総選挙が行われ、あたらしい國民の代表がえらばれて、その人々がこの憲法をつくったのです。それで、あたらしい憲法は、國民ぜんたいでつくったということになるのです。

こんどの憲法は、みなさんをふくめた國民ぜんたいのつくったものであり、國でいちばん大事な規則であるとするならば、みなさんは、國民のひとりとして、しっかりとこの憲法を守ってゆかなければなりません。そのためには、まずこの憲法に、どういうことが書いてあるかを、はっきりと知らなければなりません。

明治憲法と違い、新しい憲法は天皇ではなく国民がつくったもので、国民が主権者だから、この憲法を学び、しっかり守っていかないといけないといっています。

荒井　安倍首相がいっているように「アメリカに押しつけられた憲法」なのではなく、国民がつくった憲法なのですね。子どもはそう教えられたのですね。民主主義については、

國を治めてゆくのもこれと同じです。わずかの人の意見で國を治めてゆくのは、よくないのです。國民ぜんたいの意見で、國を治めてゆくのがいちばんよいのです。つまり國民ぜんたいが、國を治めてゆく――これが民主主義の治めかたです。

といっています。国民の意向を無視してどんな法律も数の力で通してよいなどとは書いていないのですね。

牧　多くの方が関心を持っている平和については、どのようにいっているでしょうか。

世界中の國が、いくさをしないで、なかよくやってゆくことを、國際平和主義といいます。だから民主主義ということは、この國際平和主義と、たいへんふかい関係があるのです。こんどの憲法で、民主主義のやりかたをきめたからには、またほかの國にたいしても、國際平和主義でやってゆくということになるのは、あたりまえであります。この國際平和主義をわすれて、じぶんの國のことばかり考えていたので、とうとう戰爭をはじめてしまったのです。そこであたらしい憲法では、前文の中に、これからは、この國際平和主義でやってゆくということを、力強いことばで書いてあります。またこの考えが、あとでのべる戰爭の放棄、すなわち、これからは、いっさい、いくさはしないということをきめることになってゆくのであります。

國では、だれが「いちばんえらい」といえるでしょう。もし國の仕事が、ひとりの考えできまるならば、そのひとりが、いちばんえらいといわなければなりません。もしおゝぜいの考えできまるなら、そのおゝぜいが、みないちばんえらいことになります。もし國民ぜんたいの考えできまるならば、國民ぜんたいが、いちばんえらいのです。こんどの憲法は、民主主義の憲法ですから、國民ぜんたいの考えで國を治めてゆきます。そうすると、國民ぜんたいがいちばん、えらいといわなければなりません。

こういうことをいった上で、憲法九条についてはこのようにのべています。

こんどの憲法では、日本の國が、けっして二度と戰爭をしないように、二つのことをきめました。その一つは、兵隊も軍艦も飛行機も、およそ戰爭をするためのものは、いっさいもたないということです。これからさき日本には、陸軍も海軍も空軍もないのです。これを戰力の放棄といいます。「放棄」とは「すててしまう」ということです。しかしみなさんは、けっして心ぼそく思うことはありません。日本は正しいことを、ほかの國よりさきに行ったのです。世の中に、正しいことぐらい強いものはありません。

もう一つは、よその國と爭いごとがおこったとき、けっして戰爭によって、相手をまかして、じぶんのいいぶんをとおそうとしないということをきめたのです。おだやかにそうだんをして、きまりをつけようというのです。なぜならば、いくさをしかけることは、けっきょく、じぶんの國をほろぼすようなはめになるからです。また、戰爭とまでゆかずとも、國の力で、相手をおどすようなことは、いっさいしないことにきめたのです。これを戰爭の放棄というのです。そうしてよその國となかよくして、世界中の國が、よい友だちになってくれるようにすれば、日本の國は、さかえてゆけるのです。

みなさん、あのおそろしい戰爭が、二度とおこらないように、また戰爭を二度とおこさないようにいたしましょう。

ここで、「放棄」とは「すててしまう」ことだといっています。自衛隊を持つことだとは書いていません。「けっして心ぼそく思うことはありません。日本は正しいことを、ほかの國よりさきに行ったのです」ともいっています。大変力強い言葉です。戦争ではなく、「おだやかにそうだんをして」解決するのだといっています。集団的自衛権で他国の戦争に参加するとか、そういう準備をしておくことが戦争の抑止力になるなどという認識はここにはありません。

教育権についてはこのようにいっています。

みなさんは、勉強をしてよい國民にならなければなりません。國はみなさんに勉強をさせるようにしなければなりません。そこでみなさんは、教育を受ける権利を憲法で與《あた》えられているのです。この場合はみなさんのほうから、國にたいして、教育をしてもらうことを請求できるのです。

私の感想をいわせていただければ、この表現は、少し明確さに欠けると思います。学ぶことは、基本的人権であって、憲法によって与えられるものではありません。また、「勉強してよい国民にならなければな」（傍点引用者）らないというのも、押しつけがましいので、「学んで人間として成長すること」でよいのではないでしょうか。また、「国にたいして、教育をしてもらうことを請求」するという表現も、あまり適切とはいえません。国や自治体は、「学ぶ権利」を保障するように、条件整備に努める義務がありますし、けっしてこの権利を侵害しないようにしなければなりません。このような表現が憲法の趣旨を生かすものだと考えられます。

荒井　国会については、「國の規則は、なるべく國会でこしらえるのがよいのです。なぜならば、國会は、國民がえらんだ議員のあつまりで、國民の意見がいちばんよくわかっているからです」といっています。まさかその国会が、国民の多くが反対している集団的自衛権法制化の法案を強行採決して成立させるなどということは、このとき憲法は想定していません。子どもにどう教えたらいいのか、頭を抱えてしまいますね。

八木　日本国憲法ってこういうものだったのですね。いま読むと新鮮な感動があります。閣僚や国会議員に読んでもらって、勉強してもらわなければなりませんね。

牧　『あたらしい憲法のはなし』は、朝鮮戦争が一九五〇年六月に始まる少し前の四月に副読本に格下げされ、五二年四月からは発行されなくなりました。ほんの短い間の命だった教科書です。このことはとても象徴的な出来事だったような気がします。

食べることで精一杯だった

八木　牧先生にとって新しい憲法はどういうものでしたか。

牧　大学の学部学生になってから、憲法学者の奥平康弘さん（一九二九―二〇一五）に来ていただいて「君たち自身にも権利があるのだよ」ということを教えていただいた記憶があります。それが憲法との出会いという点では最初だと思います。奥平さんは近年、さきほど触れた鶴見さんとともに、「九条の会」（二〇〇四―）の九人の呼びかけ人の一人となり、憲法を守る運動を牽引しました。二〇一五年調布市九条の会の憲法についての集会でお話しされたのが最後で、翌朝一月二六日に亡くなりました。

私は、あの当時は、憲法は大事だったには違いないけれど、あまり意識する余裕はありませんでした。戦後の生活が大変で、お金を稼がなくては食べていけませんので、そちらの方が大事だったのです。ですから憲法に目を向けるということにはなりませんでした。それは私だけでなく、多くの国民に共通していたのではないでしょうか。

荒井　一般の人はそもそも憲法というものは知らなかったのではないでしょうか。学校で『あたらしい憲法のはなし』を学んだ子どもたちは別にしても、一般の国民のなかでは読んだことがある人はごく一部だったでしょうね。生活に直接関係がないというか……。

憲法制定過程についての誤解

荒井　ところで、さきほどの『あたらしい憲法のはなし』では、「こんどの憲法は、みなさんをふくめた國民ぜんたいのつくったもの」といっています。安倍首相は「みっともない憲法ですよ、はっきり言って。それは、日本人が作ったんじゃないですからね」（インターネット番組で、二〇一四年一二月一四日、朝日新聞ほか報道）などと「押しつけ憲法論」を展開していますが、憲法制定過程については、牧先生はどのようにお考えですか。

牧　制定過程では、占領軍の意向がかなり大きく左右したという意見もありますが、占領軍の意向だけで新しい憲法ができたと考えると、私はそれは間違いだと思うのです。具体的にいうと、私が静岡大学でいっしょに勤めていた鈴木安蔵《すずきやすぞう》（憲法学、法制史、一九〇四―一九八三）が参加していた憲法研究会がありましたし、高野岩三郎《たかのいわさぶろう》（社会統計学、一八七一―一九四九）の案もありました。鈴木と高野が参加していた憲法研究会は、鈴木の案をベースに憲法案を考えていましたが、研究会メンバーの多数は天皇制を認めていました。高野は日本社会党の創立に参加した人でしたので、主権在民、天皇制の廃止、共和制を中心とした独自の憲法案「日本共和国憲法私案要綱」を起草し、鈴木に手渡したのです。

憲法研究会の憲法草案は、天皇制を存続させつつ主権在民を認める、法律による留保条件なしに表現の自由、法の下の平等、労働権・生存権・休息権・老齢福祉・人格権などの基本的人権を認める、二院制をとるなどの内容となり、GHQ草案のベースになったといわれています。ほかにも共産党案（天皇制の廃止、共和制）や社会党案（統治権を議会と天皇に分割）などたくさんの憲法草案が出てきました。

ですから占領軍が提示したものの翻訳が日本国憲法だという意見は理解の仕方が十分ではないと思うのです。

もう一つは、占領軍の意思がまったく働いていなかったといえば、それもまた違います。米ソ対立の時代でしたから、日本をアメリカにとっての防波堤の一つにしたいという気持ちがアメリカにあったので、そのためには日本国民にとって重要な位置を占めている天皇制を活用すべきだと考えたのは、なるほど戦略的にはアメリカが考えそうなことだと、私は思います。敗戦後、憲法がつくられる時期のおよそ三年間は、民政局はかなり革新的な人々によって占められていたといわれています。そういう中でつくられた憲法だったのです。翌年には朝鮮戦争が始まろうとしていた一九四九年の時点で、GHQ内部の人事が大幅に入れ替えられて、保守的な人がやって来たのです。

荒井　鈴木安蔵氏は彼を主人公にした映画「日本の青空」（大澤豊監督、二〇〇七年）で全国に知られました。牧先生は鈴木氏と同僚だったのですか。何か思い出はありますか。

牧　鈴木安蔵さんは文理学部でしたから、学部は異なるのですが、よくお会いして雑談をしていました。例えば、これからの日本のあり方とか、占領軍の功罪などについて話し合ったものです。

憲法の性格が変わった――ほんとうの立憲主義へ

荒井　明治憲法といまの憲法では、憲法そのものの性格がまったく変わったわけです。

牧　立憲主義かそうでないかが、この二つの憲法の性格の違いです。立憲主義とは、政府による国の統治は憲法にもとづいて行われるという原理です。明治憲法は天皇が定めた欽定憲法でした。帝国議会ができて一応は立憲主義の要素はありましたが、すべての権限は天皇に集中する絶対主義的天皇制で、天皇が立法・行政・司法の三権を総覧します。軍の統帥権《とうすいけん》も天皇に属していました。つまり、すべてが君主である天皇のためにあるのであって、基本的人権などという発想は、そもそもありませんでした。こうした形式的な立憲主義を「外見的立憲主義」と呼ぶ場合もあります。

一九四六年にできた新しい憲法は、それとは逆の発想の下にあります。もともと憲法というのは、ヨーロッパの市民革命のときに、権力を持つ王や政府をしばって、好き勝手な統治をやらせない、市民が政治の主人公になるためにつくられたものです。ですから、国・政府をしばるものが憲法で、われわれ国民をしばるものではないということです。その意味では現在の日本国憲法は、ほんとうの立憲主義の立場に立つ憲法なのです。

これについては誤解している人が多く、憲法は民法・刑法など法律の〝親分〟であって、国民はこれを守る義務があると思っているようですが、違います。「憲法を尊重し擁護する義務」を負っているのは「天皇又は摂政及び国務大臣、国会議員、裁判官その他の公務員」（憲法九九条）なのです。国民は、これらの人たちが憲法を守って立法や行政を行っているかをよく見て、憲法を守らせなければならないのです。

安倍政権が憲法違反の集団的自衛権行使を一内閣の勝手な解釈の変更でやろうとしていることは、立憲主義に背くものだという批判が巻き起こったのはこのためです。

八木　牧先生は戦争の時期に明治憲法を読んでおられましたか。

牧　読んでいました。そういう人はあまりいなかったでしょうね。旧制中学では教えたけれども、一般の人には関係ないですね。私も学校で習わなければ、知らないで過ぎてしまったと思います。

荒井　先生にとっては明治憲法はどういうものでしたか。天皇が一元的に国民を統治していくのはもっともだと考えておられたのですか、それとも何か変だなと感じておられましたか。

牧　住井すゑ（一九〇二―一九九七）が著した『橋のない川』（第一部一九六一年、第七部一九九二年、現在は新潮文庫）は明治後期の奈良県の被差別部落を舞台にした小説です。この小説の中に、次のような内容が書かれています（第一部三七頁）。

ところが、小父《おっ》さんは短い間《ま》をおいて、

「そいつは、かたみを持って来よったそうな。」

「足跡の土を掻っぱいてきたんやろ。」

小母はんは、したたか、軽蔑の調子で言う。

小父さんは首をふって、

「あかぬ。お前らのちえでは、察しられへん。そいつは、天皇陛下さまの糞《ばば》をみつけてきよったんや。はつめい（悧巧）な奴や。」

さすがに、みんなきょとんとした。

小父さんは、いよいよ得意気に、

「なるほど、天皇陛下さまは、一昼夜、耳成山にいやはった。なんぼ天皇陛下やいうても、糞《ばば》はしやはる。そこに気イついたとは、えらい奴や。」

「神さまでも、糞《ばば》、しやはるのけ？」

小さな声で孝二が言った。その眼は、寝間との境のかもいにしつらえられた神棚を見ていた。彼には、あまりにも解《げ》せない小父さんの話だった。彼は、学校の先生さえ、自分たちのような、臭い糞をするとは思っていない。まして神さまともあろう天皇が、山に糞をたれのこして行くなどとは奇怪である。


当時、国民にとっては天皇というものはそういう存在だったのです。したがって憲法も遠い存在でした。

ですから私は、憲法に書いてある内容を真面目に関心を持って覚えた記憶はまったくありません。覚えたのは教育勅語だけです。教育勅語は暗唱させられていましたから、印象深いのです。

（2）明治憲法のころはどんな社会だったか

明治憲法下の教育——教育勅語

八木　いまの憲法の意味を理解するのに、明治憲法のころの日本はどんな社会だったかを理解することが大事だと思うのですが、先生の記憶の範囲でお話しいただけますか。まず教育からうかがいたいのですが、当時は学校教育が教育勅語によって行われていましたから、教育勅語に明治憲法の精神が体現されていたということですね。

牧　「一旦緩急《いったんかんきゅう》アレハ義勇公《ぎゆうこう》ニ奉《ほう》シ以テ天壌《てんじょう》無窮《むきゅう》ノ皇運《こううん》ヲ扶翼《ふよく》スヘシ」、つまり国運が危ういときには命を捧げなければならないという、ここが教育勅語の一番大事なところです。私も、それはそうだなと思っていたのです。

八木　「憲法を学びましょう」というのは難しいですから、その真髄を教育勅語にコンパクトに納めて、それを学校で児童・生徒に暗唱させる方法なら身につきますね。

牧　やり方としては非常に巧みでした。体に染み込んでいました。憲法は暗唱などできませんし、染み込むということはありませんからね。全文はこうです。

朕《ちん》惟《おも》フニ我カ皇祖《こうそ》皇宗《こうそう》國ヲ肇《はじ》ムルコト宏遠《こうえん》ニ徳ヲ樹《た》ツルコト深厚《しんこう》ナリ我カ臣民《しんみん》克《よ》ク忠ニ克ク孝ニ億兆心ヲ一《いつ》ニシテ世世《よよ》厥《そ》ノ美ヲ濟《な》セルハ此レ我カ國體《こくたい》ノ精華ニシテ教育ノ淵源《えんげん》亦《また》實《じつ》ニ此ニ存《そん》ス爾《なんじ》臣民父母ニ孝ニ兄弟ニ友ニ夫婦相和《あいわ》シ朋友相信《あいしん》シ恭《きょう》儉《けん》己《おの》レヲ持《じ》シ博愛衆ニ及ホシ學ヲ修メ業ヲ習ヒ以テ智能ヲ啓發《けいはつ》シ徳器《とっき》ヲ成就《じょうじゅ》シ進《すすん》テ公益ヲ廣《ひろ》メ世務《せいむ》ヲ開キ常ニ國憲ヲ重《おもん》シ國法ニ遵《したが》ヒ一旦緩急アレハ義勇公ニ奉シ以テ天壤無窮ノ皇運ヲ扶翼スヘシ是ノ如《ごと》キハ獨《ひと》リ朕カ忠良ノ臣民タルノミナラス又以テ爾祖先ノ遺風《いふう》ヲ顯彰スルニ足ラン斯ノ道ハ實《じつ》ニ我カ皇祖皇宗ノ遺訓ニシテ子孫臣民ノ倶《とも》ニ遵守スヘキ所之ヲ古今《ここん》ニ通シテ謬《あやま》ラス之ヲ中外ニ施《ほどこ》シテ悖《もと》ラス朕爾臣民ト倶

ニ拳々服膺《けんけんふくよう》シテ咸《みな》其徳ヲ一《いつ》ニセンコトヲ庶幾《こいねが》フ

明治二十三年十月三十日　　御名御璽《ぎょめいぎょじ》

「御名御璽」というのは天皇の名前と公印のことですが、この「御名御璽」までを全文暗唱するのです。

荒井　学校には奉安殿《ほうあんでん》がありました。

牧　奉安殿は政府から下賜《かし》（与えること）された御真影《ごしんえい》（天皇夫妻の写真）と教育勅語を納めている小さな建物で、空襲のときでも校長はこれを命がけで守らなければいけませんでした。児童・生徒も奉安殿の前は必ず最敬礼して通らなくてはいけなかったのです。

八木　教育勅語は毎日暗唱するのですか。

牧　毎日ではありませんが、なにしろ行事のときは必ずでした。小学校のときは修身《しゅうしん》という時間があり、その始まりに暗唱させられました。修身はいまでいう道徳教育、宗教教育に当たる科目です。教育勅語が発布されてから始まり、筆頭科目とされました。敗戦後、GHQによって「軍国主義教育」とされ、四八年に廃止されました。

中学になると修身はありませんから、あまり暗唱させられた記憶はありません。

荒井　唱えるとか繰り返すという、身体感覚というか五感で覚えさせるのですね。

牧　これが大衆操作としてはきわめて精緻《せいち》なやり方ではあったのです。覚える、覚えないということではなく、血肉化して染み込んでいるのです。だから影響力が強いのです。

教育勅語までの道のり

八木　こういうやり方はとても日本的だと思うのですが、日本的な特徴は何でしょうか、なぜそのようになってしまったのでしょうか。教育システムの比較研究のようなものは教育学の分野では行われていますか。

牧　明治期、大日本帝国憲法ができ、帝国議会が開設される前、それに向けて自由民権運動という大規模な政治運動が起こりました。一八七四（明治七）年の民撰議院設立建白書の提出を契機として始まり、憲法制定、議会開設、地租軽減、不平等条約改正、言論の自由・集会の自由の保障などを掲げて、帝国議会が開設する一八九〇年ころまで続きました。その指導者たち、たとえば中江兆民《なかえちょうみん》（思想家・ジャーナリスト・政治家、一八四七―一九〇一）や植木枝盛《うえきえもり》（思想家・政治家、一八五七―一八九二）などが書いたものは非常に進歩的で、いまでも新鮮な内容が伝わってきます。

民間から数々の憲法草案（私擬憲法）が提案されましたが、その中でも植木枝盛の「日本国々憲案」は最も民主主義的だと評されています。その第五九条に「日本人民ハ何等ノ教授ヲナシ何等ノ学ヲナスモ自由トス」という条項があります。

もう一つは高知県の政治団体「立志社」（板垣退助、片岡健吉、山田平左衛門、植木枝盛、林有造らによって一八七四年に設立）がつくった「日本憲法見込案」の第四五条には「国民ノ教育並ニ文学ハ法律ニ由《より》テ干渉スル事ヲ得ス」と書いてあります。

一九六八年に、歴史家の色川大吉《いろかわだいきち》（日本近代史、一九二五―）らによって東京都五日市《いつかいち》（現あきる野市）の深沢家旧宅の土蔵から発見され注目された「五日市憲法草案」（千葉卓三郎が一八八一年に起草したとされる）の中にも、植木枝盛の憲法案にみられるような条項がありました。第七六条「子弟ノ教育ニ於テ其学科及教授ハ自由ナルモノトス、然レドモ子弟小学ノ教育ハ父兄タル者ノ免《まぬかれ》ル可《べか》ラサル責任トス」です。

中江兆民は自由党の機関紙「東洋自由新聞」の中で、「干渉教育」「再論干渉教育」という二つの論文を書いているのですが、この「干渉教育」の中で「夫《そ》レ人々天賦ノ自由アリ、自由誠ニ天賦ナリ、然レドモ之レヲ培養セザレバ決シテ自由彼レ自ラ能《よ》ク暢達《ちょうたつ》スル者ニハ非《あら》ザルナリ」とあり、生まれた時から天から与えられたものとして自由がある。自由というのは養わなければ、結局自分で自分の自由を使うことができなくなるということを書いています。「自由ハ天ノ賦スル所ナリ、而《しか》ルニ父母其教育ヲ懈《おこた》リテ其子ニ自由ヲ得セシメザレバ、其レ父母子ノ権利ヲ剥奪スルナリ、父母尊シト雖《いえど》モ豈《あ》ニ此剥奪ノ権利アランヤ」ともいっています。

荒井　現代の人権感覚と変わらないような先進的な発想です。

牧　第二次世界大戦後の憲法草案の議論よりもこちらの方がよほど激しいですよね。子どもが学んで子どもが自由になる、親は学ぶことを剥奪する権利はないと厳しく戒《いまし》めているのです。

明治政府は自由民権運動を抹殺した後に、兆民や枝盛の思想とはほど遠い、自分たちに都合のいい政治を行う制度をつくりました。その中に教育勅語などの国家主義的な教育観の徹底があったと考えてよいでしょう。

八木　教育勅語は教育を通して人心を統制する意図の下に発せられたわけですね。

牧　もともと明治政府は古代から明治維新まで続いた律令《りつりょう》制にならって太政官《だじょうかん》制から出発しました。一八八五（明治一八）年に内閣制度が発足したことで廃止されます。当時はまだ帝国議会ができていなかったので、議会の議決を経て教育に関する立法行為をするのはだいぶ後になってからなのです。国会が開かれたのは一八八九（明治二二）年で、教育勅語は一年後の一八九〇（明治二三）年です。政治レベルのことと教育レベルのことが組み合わさって、明治の体制ができあがったといって間違いないと思います。

八木　話は飛びますが、『運動会と日本近代』（吉見俊哉著、青弓社、一九九九年）という本を以前読みました。明治期に始まった日本の学校の運動会が、兵式体操を重視する国家の教育政策と、明治以前の祭礼などにみられる遊戯が結びついてできていったことを歴史的にあとづけているものです。

牧　その後一九二五（大正一四）年に、学校に現役将校を配置して軍事教練を教えるという「配属将校」の制度が設けられました。退役した軍人が配置されていたこともあったのです。分列行進も組体操も〝見せもの〟で、家族も運動会を見に行くので、整然とした美しさを見てもらうという意味合いでやり始めたのだと思います。

八木　軍隊の方法を教育に持ち込んだのですね。

牧　うまくやったものだと思います。

明治三〇年代以降に、いわゆる社会運動や労働運動が起こってきますが、明治政府はその前に予兆を感じていたので、一八八〇（明治一三）年には集会条例（集会・結社の自由を規制した法律）をつくり自由民権運動を圧迫します。一八九七（明治三〇）年に社会主義者の片山潜《かたやません》（一八五九―一九三三）や高野房太郎《たかのふさたろう》（一八六九―一九〇四）などが労働組合期成会をつくり、機関紙「労働世界」（編集長・片山潜）を発行するようになると、明治政府は「これではまずい」ということで、治安立法を構想するようになります。

一九〇〇（明治三三）年には治安警察法ができるのです。これはのちの一九二五年にできる治安維持法と並ぶ戦前の治安立法で、集会・結社の届け出を義務とし、軍人・警察官・

宗教家・教員・学生・女子・未成年者の政治結社加入と女子・未成年者の政談集会参加を禁止し、労働者・小作人の団結・争議を禁止しました。警察官は集会を監視していて、途中でも禁止・解散させる権限がありました。結社に対する内務大臣の禁止権も規定しました。

隣組などで統制された生活

荒井　明治憲法の精神は社会全体にどのように浸透していったのでしょうか。

牧　社会への浸透ということでは隣組組織の役割が大きかったですね。太平洋戦争開戦の前年の一九四〇（昭和一五）年、内務省が出した「部落会町内会等整備要領」で制度化されました。五軒から一〇軒の世帯を一組として、食料などを配給したりする互助組織の名目でつくられたのですが、戦争のために住民を動員したり、金属など物資を供出させたり、空襲に備えた防空訓練をしたり、政府の軍国主義的な施策を推進する第一線の庶民の結合体となりました。本書の第一章の初めでお話しした灯火管制のときに灯りが漏れている家に注意するなど、監視活動もしていたのです。

江戸時代に村には「五人組」「十人組」というものがあって、行政の下部組織として相互扶助的な役割を果たしていました。この慣習を利用しつくらせたのです。戦争を遂行するための一番末端の住民組織を編成して、住民をコントロールするやり方は、よく仕組まれた構造であったといまにして思いますね。

八木　高齢の方のなかには、いまでも町内会や自治会のことを「隣組」と呼ぶ人がいます。いまでは隣組は存在しないのですが、古い言葉が頭に残っているのでしょう。また、高齢の方ほど近所を気にするようです。いまはとくに都市部では隣人には無関心で、特別に秩序を乱すようなことがなければ干渉もされませんが、かつては実際に激しく干渉されたのでしょうね。ドラマなどでも「貴方の家は防空訓練に人を出していないじゃないか」などと国防婦人会（一九三二―一九四二、出征兵士の送迎や銃後の戦争協力や思想統制を行った婦人団体）の人がいちいち文句をいいに来るシーンを見ますが、実際にあのようなことがあって、近所の秩序を気にする暮らし方が残ってきたのではないでしょうか。

牧　私の住む埼玉県所沢市では、五〇軒くらいで一つの町内会になっているのですが、このあいだ総会があって出席すると、あまりの様変わりに驚きました。私が知っている人は出てこなくて、二代目が出てきていて世代交代をしていました。

私は戦争中はいま住んでいるところには住んでいませんでしたから、かつての隣組がそのまま移行したのがいまの町内会なのかどうかはわかりませんが、いまでもA班、B班、C班と分かれていて、それぞれ班の責任者がいるのです。町内会の会長・副会長・防犯・衛生・親子会のリーダーと役割分担があって動いているのは昔と同じです。町内会の連合会があり、そこには役所の担当者が出てきて、役所からのお願いをしたりするのです。

八木　いまは不審者がいて物騒で子どもの登下校が危ないので、町内会がパトロールをしたりするのはありがたくて、そういう機能はあってもいいと思うのですが、隣組の名残のようなものは嫌だなと思います。

牧　いまは相互監視しようと思っている人はいないでしょうね。

戦争中は学校、隣組などあらゆる網を通じて国民を組織しました。配給のときには隣組のルートを使って、防空訓練に積極的に参加しない人にはきちんと食料が配給されませんでした。ひどいですね。隣組が一番ターゲットにしていたのは「左翼分子」です。その隣組的監視装置の名残は、そう簡単にはなくならず、戦後もつながってきたのだと思います。

生存権や社会保障の発想はなかった

荒井　生存権や社会保障の考え方は明治憲法にはなく、戦後にできたものです。

八木　そうなのですよね。私の祖母は一八九一（明治二四）年生まれですが、この世代の女性には生涯無年金者の方が多いと聞きます。年の離れた夫と、親が決めた結婚をし、夫には早くに先立たれ、その後は成人した子どもからの仕送りや田畑の耕作などで暮らすという生活です。

牧　この世代の人の生活は基本的にそういうものだったのですね。農村の「家」制度＝家父長制は、支配・コントロールの装置であったと同時に、相互扶助の役割を担いました。ですから食いっぱぐれて戻ってきた次男坊なども、みなそこで養って食わせていかなければならないのです。社会保障の機能は「家」が負わされていたということです。

荒井　「家」制度は、戸主《こしゅ》に家の統率権限を与えていた制度で、江戸時代に発達した武士階級の家父長制的な家族制度を基礎にしています。明治民法で規定されていましたが、一九四七年の現在の民法で廃止されます。

八木　田畑など財産がない家にとっては、相互扶助も社会保障機能も果たすことができません。

牧　戦前でいうと、老後の介護を社会がみる介護保険制度や老人介護施設などはなかったわけですから、厳しい社会でした。家族の肩にすべてがかかっているわけです。だから大家族でないといけなかったのです。

深沢七郎（小説家、一九一四―一九八七）の小説に姨捨山《うばすてやま》をテーマにした『楢山節考《ならやまぶしこう》』（中央公論社、一九五七年）があります。社会は何もサポートしてくれないので、死に場所を探しに老親を山に捨てにいく話です。おそらくそのような世界だったのでしょう。

荒井　寿命も五〇年、六〇年でした。いまのように医療が発達していませんでしたから、癌になったら多くの場合は助かりませんし、その前に盲腸などでも死ぬかも知れないし、脳梗塞などは一回発作を起こせばたいていてい死んでしまったでしょう。

牧　医療も介護も、社会がサポートするシステムが構築されていなかったのが戦前の姿です。

荒井　その上、兵隊に取られたら大変な損失です。戦死で一家の働き手を失った家族がたくさんいました。

八木　徴兵された兵士にも給料が支払われ、まったくの強制労働ということではなかったのですね。

牧　そうですね。教員もそうでした。母の弟は山形の鶴岡の工業学校で教員をしていたのですが、戦争中は満州に渡って教員をしていました。樺太《からふと》や満州などの支配地に行くと割増賃金で、当時は内地《ないち》（日本本土）で働いているよりは何割か高い報酬を受けていたのです。戦争中はそれまでに得ていた収入を元にして「恩給」をもらえるのですから、好んで植民地などに出かけて働く人もいたわけです。戦後はそういうことは一切なくなり、どこかに行けばいい条件の年金がもらえるなどということは、なくなりました。

荒井　ところで、「思想・良心の自由」という考え方は明治期に外国の思想として入ってきて、大正デモクラシーの下地になり、革新政党もいくつもできたわけです。戦争中の時期もインテリ層はそういうことは知っていたわけです。

牧　知っていたはずですね。だから社会主義思想が広まったのだし、労働争議だって起こったのです。憲法上は認められていないのだけれども、ものの考え方としては団結をして団体行動で労働争議を起こすことは広がっていたわけです。特に明治期だと自由民権運動、大正期だと大正デモクラシーという大きな運動がありました。

（3）日本国憲法の素敵なところ

八木　ここまでのお話で、明治期から戦中期の人権保障や生活保障のない、戦争の時代を経て、日本国憲法ができたプロセスがわかりました。そこで、日本国憲法についてお聞かせください。日本国憲法といえば第九条のことが真っ先に浮かぶのですが、先生は戦後どんなふうに憲法を受け止められましたか。

印象深かった「思想・良心の自由」

牧　私が憲法の素敵なところだと思うのは、第一九条の「思想・良心の自由」ですね。「第一九条　思想及び良心の自由は、これを侵してはならない」という文言です。「思想・良心」というのは目に見えないものですが、それが身体表現や絵画や文章など、形になって現れます。その自由を具体的にどう保障しているかは書かれてはいないのです。憲法第一九条の具体的な内容は、第二一条に書かれています。「第二一条　集会、結社及び言論、出版その他一切の表現の自由は、これを保障する。2　検閲は、これをしてはならない。通信の秘密は、これを侵してはならない」

日本国憲法には法律によって限定されるという但《ただ》し書きがついている条項がけっこうあります。第一九条の思想・良心の自由は、「これを侵してはならない」と書いてあるわけですが、限定句がついていないので納得できます。その具体的な現れとしての第二一条も限定句がついていないのです。

なぜ限定句がついている条項があるのでしょうか。第一三条は個人の尊厳について保障するといっていますが、「公共の福祉に反しない限り」という限定句がついているのが私は気に入らないのです。「第一三条　すべての国民は、個人として尊重される」とありますが、その次に「生命、自由及び幸福追求に対する国民の権利については、公共の福祉に反しない限り、立法その他の国政の上で、最大の尊重を必要とする」というのです。

ところで、大日本帝国憲法においても、表現の自由を認める規定はありました（第二九条）。しかし、「法律の範囲内において、言論、著作、印行、集会及び結社の自由を有する」と法律の留保がつけられており、「限定」どころか保障されなかったに等しいものでした。「思想・良心の自由」の規定はありませんでした。ポツダム宣言（一九四五年七月二六日に米英中が日本に対して無条件降伏を求めた宣言）の第一〇条、「日本国政府ハ日本国国民ノ間ニ於ケル民主主義的傾向ノ復活強化ニ対スル一切ノ障礙《しょうげ》ヲ除去スヘシ　言論、宗教及思想ノ自由並ニ基本的人権ノ尊重ハ確立セラルヘシ」という要求にもとづいて規定されたものです。

荒井　「思想・良心の自由」は明治憲法には規定されていなかったということは、日本人にとってはないに等しい権利でした。新しい憲法に登場したこの考えは、多くの日本人にとっては想像もしていなかったと思います。その意味合いをどのように理解したのでしょうか。

牧　戦争中にも「思想・良心の自由」を唱えて、それを行動に移して刑罰を受けて牢屋につながれた人たちがいたわけなのです。われわれは新しい憲法ができて、思想・良心の自由、宗教の自由をかちとったことになったはずなので、さきほどお話しした三木清の獄死問題にみられるように、早く行動に移せばよかったのですが、わかっていなかったから行動に移せなかったのです。憲法が施行されたのは一九四七年ですが、それ以降でないとできないということではなくて、ものの考え方は一九四五年の敗戦後すぐにでも広がって当然のはずです。

知っている人は知っていたはずなのです。政治学者の丸山真男（一九一四―一九九六）だって憲法学者の宮沢俊義《みやざわとしよし》（一八九九―一九七六）だって、インテリはそういうことをいち早く知っていたはずなのに、なぜ動かなかったのかが不思議で仕方がないのです。ということは、「思想・良心の自由」の欠如が戦争につながり、重苦しい社会が続いてきたということへの自覚が薄かったのではないか、憲法で新しく規定されても、そのありがたみは理解できていなかったのではないかと想像するのです。

初めての選挙で女性候補に投票

荒井　戦前無権利状態だった女性の参政権が憲法に書き込まれたことも大きかったのではないでしょうか。

牧　女性に関していえば、一九五三年の衆議院議員選挙に、私が住んでいた地域から神《かみ》近市子《ちかいちこ》さん（一八八八―一九八二）が左派社会党から出て当選したのです。統一後の社会党からも出て、五期衆議院議員を務めました。私が二〇歳になって投票ができるようになったときに、初めての選挙で神近さんに投票をしたのを覚えています。

八木　えっ？　神近市子さんは、『青鞜』（平塚らいてうたちが創刊した文芸雑誌）に参加した方ですよね。神近さんはジャーナリスト・婦人運動家として活躍しました。

牧　女性も議員になれるのだと意識させられたのはそのときです。一般の会社でいえば、女性の管理職はほとんどいない時代でしたから、女性が議員になってもいいというときがやってきたので驚きました。

戦前は女性は無権利状態でしたから、憲法に女性の権利が明記されたことは本当に画期的なことでした。具体的には、「第一四条　すべて国民は、法の下に平等であつて、人種、信条、性別、社会的身分又は門地により、政治的、経済的又は社会的関係において、差別されない」、「第二四条　婚姻は、両性の合意のみに基いて成立し、夫婦が同等の権利を有することを基本として、相互の協力により、維持されなければならない。2　配偶者の選択、財産権、相続、住居の選定、離婚並びに婚姻及び家族に関するその他の事項に関しては、法律は、個人の尊厳と両性の本質的平等に立脚して、制定されなければならない」の二条にわたって規定しています。

荒井　戦前の憲法に慣れ親しんで、戦争にも参加させられてきた人が、戦後の憲法を受け入れていくわけですが、先生の実感としてはどういうところに生活上の変化があったと思われますか。

牧　日本国憲法は、第二七条で「すべて国民は、勤労の権利を有し、義務を負ふ。2　賃金、就業時間、休息その他の勤労条件に関する基準は、法律でこれを定める。3　児童は、これを酷使してはならない」と規定し、続く第二八条で「勤労者の団結する権利及び団体交渉その他の団体行動をする権利は、これを保障する」と規定しています。

第二八条の団結権、団体交渉権、団体行動権は「労働三権」と呼ばれていまして、団結権は、労働者が労働組合をつくったり加入する権利です。団体交渉権は、使用者と交渉して協約をむすぶ権利です。団体行動権は、団結してストライキをおこなう権利なのです。戦前からの労働運動が実ったといえるわけで、非常に大きな意義があると思います。

それから第二五条に生存権規定があって「すべて国民は、健康で文化的な最低限度の生活を営む権利を有する」とあり、国が責任を負わなくてはいけないことになりました。

大日本帝国憲法では一人ひとりの国民の働く権利、あるいは一人ひとりの国民が人間として生きていくことを国が責任を持って保障しますということは一切書いていなかったわけなので、生存権保障や団結権、団体交渉権が憲法で規定されたことは大きな意味を持っていると思います。

働きながら学んではいけないのか

荒井　先生は東京大学の学生・大学院生として勉強をしながら、夜間高校に勤めて生活の糧を稼いでおられたのですね。こうした憲法の規定は、先生の生活ともおおいに関係のあったことでしたね。

牧　父親が中学四年生のときに亡くなり、私は一人っ子で、母親が病身だったので、働かないと食べていけないし、学校にも行けないので、自転車工場や木工場、靴をつくっている会社などで働きました。静岡高校に行ってからも同じことで、それプラス家庭教師をしたりしました。家庭教師は報酬がいいし、夕飯を食べさせてもらえましたから、非常にありがたかったのです。私は一人で自分と母親の生活費を稼いで、かつ高等学校、大学にも行ってと、やむを得ずにそうなっていたのですが、惨憺《さんたん》たる状態だったのです。

高等学校のころは親類縁者の助けもありましたが、大学に行くころは親戚もだんだん年を取ってきましたので、私のことにまで手が回らなくなり、面倒をみてもらえないので働くしかありませんでした。ですから大学のときの同級生はほとんど付き合いがありませんでした。飲んだことも遊びに行ったこともないのです。

東京大学に入ったころは、初めは中学校の教師として二年間働いていて、三年目からは昼は大学に行けるようにしたいので、東京都立第三商業高等学校（江東区）の定時制で働くようになったのです。昼間は大学に行って夕方五時までに高校に到着すれば間に合うし、週に一日は研究日があり、その日は気兼ねなく大学で勉強することができました。
そうしたらある日、ゼミの担当教員だった宗像誠也先生に呼ばれて、「本当は働くことは認められていないことだけれど、仕方がないので認めます」という話をされました。大学院に行ってからも宗像さんに、「君は相変わらず夜勤めているんだって？」と聞かれます。「ハイ」と答えたら、「うちの息子は大学の理学部で勉強をしているけれども、息子の友だちにアルバイトなどをしている学生は一人もいない。でも君のところは仕方がないのだろうね」などといわれました。
「何をいっているのだろう。貧乏人は勉強してはいけないといいたいのか。そんなことをいうためにいちいち呼びつけなくてもいいだろう」と頭にきました。要するに大学は、社会的にある程度の収入があって、中流以上の家庭の子どもが学ぶ場所なので、私のような者が学ぶには相応《ふさわ》しい場所ではないのだと聞こえてしまうのです。

荒井　当時、苦学生はたくさんいたのではないですか。

牧　私のように昼間大学に行って、夜働いている学生は少なかったでしょうが、昼間働いて夜学にいっている学生はたくさんいました。ですから、とやかくいわれることではないのだけどな、と思いました。

八木　働くことは、大学の勉強に差し支えていたのですか。

牧　宗像先生には「働いていますが、勉強には差し支えていません」といいました。一週間に一度研究日はあるし、大学は毎日行かなければならないわけではありませんから、全然差し支えていなかったのです。「でも勉強する時間が少し足りないと思うけどな」なんて皮肉をいわれてしまいました。裕福な家庭の子どもでも、毎日遊んでいる者はいるわけだから、そんなことをいわれる筋合いはないのです。

そんなことをいわれながら、幸い、三〇歳になったころ大学の助手になったので一応大学の教員として働くことになりました。そのとき、ある程度生活の見通しが立ったので結婚したのです。

八木　ホッとしましたね。当時の大学では助手というのはどういう役割を果たしていたのですか。

牧　当時の大学は「講座制」でしたので、一つの研究室に教授から助手までがピラミッド型になっていました。法学部では教授一人について助手は二人いて、一人は任期三年が経つとどこか別のところに行かせる。一人は残してそのまま助教授にするのが普通でした。医学部はどこにも出さないので、助手がダブついていて、教授の鞄持ちをして、教授の授業について行って板書を消したりしていました。

教育学部の助手は、医学部と法学部の中間のようなもので、雑用もやるのだけれど、任期もあり、三年経ったらどこか別の大学に行かなくてはならないのです。そう簡単にはうまくいかないのですが、たまたま私の場合は、三年経ったころに静岡大学に働き口がありました。

荒井　先生は、働く学生として憲法の労働権のことはどうとらえられましたか。

定時制で教えた生徒を思い出す

牧　労働権の問題というと、このころのことを思い出します。私自身が苦学生で昼間大学に行き、夜働いている境遇だったこともありますが、定時制の高校に来ている生徒たちのことを思います。昼間みな働いている生徒たちなのですが、生徒は深川門前仲町《もんぜんなかちょう》の商店の息子や娘たちか、田舎《いなか》から出てきて東京で寮などに住んで働いている者が多かったのです。相対的に女性は条件が悪かったのをなぜなのかなと思っていました。男性はまあまあの給料をもらっているけれど、女性の方がとても条件が悪いのです。

（4）憲法と教育権

荒井　働きながら学ぶ牧先生も、定時制の生徒さんも、戦後の食料難時代に大変なご苦労だったと推察します。教育権に関心を寄せる教育学者となった牧先生の原風景ともいえる時代だとすると、この時期がなかったらいまの牧先生の学問もなかったわけですね。話が前後しますが、あらためて、そのころのことをお話しいただけますか。

ミカン箱で宿題をする子どもたち

牧　私は、静岡高等学校を卒業してから東京に戻り、大学生をやりながらまず、足立区の中学校の教員を二年間していました。週に一日の研究日しか大学に行けないので、何とか夜間の学校にかかわれないかと思っていたところ、都立第三商業高等学校の夜学に伝手《つて》があって、勤めることになりました。

荒井　中学校とは、新制中学校の教員ですか。

牧　いまとは制度が違い、旧制高校を卒業すると、英語と社会の教員免許を自動的にくれたのです。

荒井　教員免許法が一九四九年にできたばかりで、まだ整備されておらず、臨時免許を出しているころですね。あのころは中学校が第一学年のみ義務化し新設された（三年間義務化されるのは一九四九年から）ので、教員が足りませんでした。

牧　そのころの中学校の生徒のことはいまでも覚えています。本当に貧乏な地域で、六畳一間に六人くらい暮らしていて、宿題を出しても勉強する机がないのです。子どもが家で勉強していると親に「うるさい、外へ行って遊んでろ。晩飯まで帰ってくるな」と叱られるくらいの生活ぶりでした。

荒井　小学校以上の学校を、親も含めて体験したことがなかった時代です。しかも男女共学になったのですね。

牧　中学校が義務化され、親は「学校へ行って勉強するなんて。何で働きに行かないんだ」というような状態でした。私は教育のことを少しでも考えようと思い、東京大学へ入ってからは教育学を専攻するようになりました。

八木　それがきっかけで教育学の道に進まれたのですか。

牧　私は生《なま》の具体的な事柄に触発されないと、頭が働かないのです。宿題をするための机がなく、ミカン箱の上で勉強している、こんな状態は何とかしなければと思っても、自分ではどうしようもないのです。

荒井　憲法二六条には「すべて国民は、法律の定めるところにより、その能力に応じて、ひとしく教育を受ける権利を有する」。二項に「すべて国民は、法律の定めるところにより、その保護する子女に普通教育を受けさせる義務を負ふ。義務教育は、これを無償とする」と規定しています。「義務教育は、これを無償とする」とあっても、授業料を取らないというだけの話だったのですね。

牧　戦前なら小学校を出るとすぐ働きに出て稼いでくるはずの子どもたちです。普通教育（職業訓練ではない教育のことで、日本では主に義務教育を指す）を受けさせる義務を保護者が負うなんて、親からいわせると「冗談じゃない。ふざけるんじゃない」という感じです。「親は飯を食わないで夜なべして余分に働いて、子どもを学校にやれということか」と途方に暮れていたのです。だから憲法二六条なんて「どこの国の話？」という感じでした。「何かおかしな仕組みになっちゃった」という思いだけが私には焼きついて、いまのように格好よく二六条がどうこうなんていえない状態でした。

東京大学へは一九五一年四月に進学しました。二年間中学の教員をして、やっと夜学に職が見つかったので、それからはまともに昼間に大学に行けるようになりました。私はすでに二二歳になっていました。そのときの商業高校定時制は五クラスありましたが、満員でした。卒業生とはいまでもおつき合いがあります。

荒井　一九五〇年代前半ということは、高校進学率が平均すると五五、五六%とのぼり

高校生との遠足（1958 年ごろ、前列中央が牧）

遠足で弁当をほおばる牧

夜の都立第三商業高等学校
（一九五八年ころ）

始めた初期のころです。

牧　深川の門前仲町ですから、あの界隈《かいわい》の商店の娘や息子たちです。彼らは、昼は店番や配達をしていて、夜にならないと勉強できないのです。地方から出てきて住み込みや下宿をして働いている生徒もいました。そういう生徒たちで学校はあふれかえり、すごい活気でした。

荒井　中学校の義務教育が終わっても、さらに高校に行きたいと思ったということですか。

牧　行きたいと考えたのでしょうね。私が親しくしているOさんという女性は、父親が左官職人で「学校になんか行かなくていい」という考えでしたが、義務教育の上を続けたいという娘の希望で、何とか

三商新聞（1956年＝昭和31年10月20日号、部分）

学校に来ていました。

八木　女性が高校へ行くのは当時、職人の家庭では大変だったのではないでしょうか。

牧　父親には「仕方ない。自分の飯くらい自分で働いて食え」といわれ、働きながら学校に来ていたのです。どんなところで働いているのかと、私も湯島天神下の酒屋を見に行ったことがありました。ほかには電気屋で働いている生徒や、住み込みで働く生徒などさまざまでした。

私は生徒たちといっしょに何かやりたくて、新聞部をつくり「三商新聞」

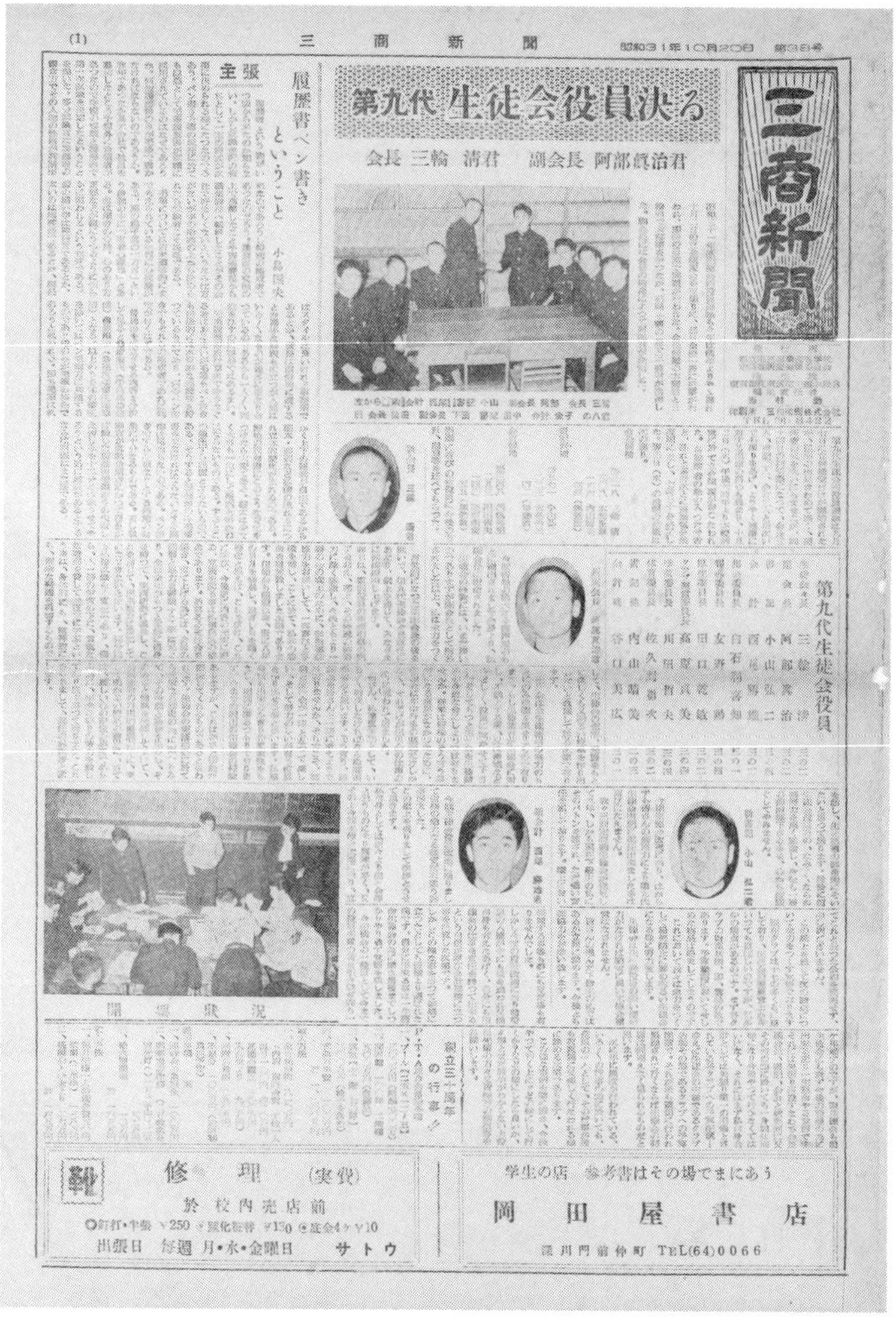

(1) 三　商　新　聞　昭和31年10月20日　第38号

三商新聞

第九代 生徒会役員決る

会長 三輪 清君　副会長 阿部眞治君

主張

履歴書ペン書きということ

第九代生徒会役員

開票状況

創立三十周年の行事

靴修理（実費）
於校内売店前
出張日 毎週 月・水・金曜日　サトウ

学生の店 参考書はその場でまにあう
岡田屋書店
深川門前仲町 TEL(64)0066

タブロイド判4ページだての三商新聞（1956年10月20日号）

を出していました。企画を考え、原稿の依頼をして、どういう見出しをつけるか、割り付けをするかの会議をやり、印刷は知り合いの印刷屋に頼んで活版印刷で刷ってもらいました。こういうことをしているとけっこう時間がかかるのです。生徒たちは昼は働いていて時間がないのです。雑用はみな私が引き受け、昼間の時間にやりました。新聞づくりもあるので、私は終電で帰宅する日が多かったと思います。新聞部の生徒たちには、大変苦労をかけてしまったと反省しています。

大学生をしながら、学部の三年間、大学院に行ってから五年間の合計八年間、その定時制高校の教師をしていました。そんなことをしながら「わが国の教育政策のファシズムへの傾斜過程について」という学部の卒論を書きました。一九五四年ころのことです。大学院では宗像誠也先生の地域調査に参加し、修士論文は「教育委員会制度と地方自治体のあり方」というテーマで書きました。

そのあと、一九六〇年頃東大の助手になりました。そのころの助手は三年間の期限つきという慣行があり、三年後に静岡大学の講師の職があったので、赴任することになりました。

『教育権』を書いたころ

荒井　牧先生の代表作といっていい『教育権』（新日本新書、一九七一年）についてお話しください。

牧　『教育権』という本を書いたのは一九七一年です。たぶん、夜学の教員をしていたから、こういう本を書けたのだと思っています。学ぶことと、働くことを自分の中に統合することが課題になっているのです。通常は、背反的な関係になってしまうことを、いかにして整合的なものになしうるかという関心です。ここでは、教えることと学ぶことを統合した意味で、「教育権」という言葉を使っています。

私はもともとは第一インタナショナル（一八六四年に労働者・社会主義者などによって結成された国際労働者協会）や、パリ・コミューン（一八七一年三月から約二カ月間続いたパリ市民自身による自主統治の試み）を具体的な対象にして研究していました。「個人と国家」の間に介在する人びとの結合体、社会的な結合体に関心がありました。それがどういうものかは自分でもわからないのですが、ただ一八七一年のパリ・コミューンは理想を追求した最初の試みだったかも知れない、そのもとになったのは、第一インタナショナルの中でのどういう社会的人間の結合が望ましいかという議論でした。そこにはブランキスト（フランスの社会主義者ルイ・オーギュスト・ブランキの思想を実践しようとする人々）やアナキスト（権力の集中を批判し無政府の社会をめざした人々）やマルクス主義者（カール・マルクスらの社会主義思想）などが混在していました。これは調べてみる値打ちがあると思い、関係する本を読んでいました。

そのころ、宗像誠也さんの議論への批判があったことも、知的関心を触発した出来事でした。

荒井　宗像さんは戦後はリベラル自由派でしたが、影山日出弥《かげやまひでや》さん（憲法学、一九三三—一九七六）が宗像さんの『教育行政学序説』をマルクス主義の観点から批判的に検討する、しかし好意的な書評を書きました。

牧　宗像さんは、「親の教育権」「教育の自由」、あるいは「教員の専門職としての自立性を守る」ということについては熱心に説いたのです。

国家との対抗関係において、もっと親は自分の主張を展開すべきではないか。これがひとつの論点でした。親の教育権というか、教育選択権を強調しておられました。もとはといえば教育は私的なもので、国家の手に握られてはならないものとされていたからです（マルクス「ゴータ綱領批判」）。

もうひとつは、政治的な存在である国家は、何が真理であるかを決定する権能を有しないということでした。そこから、真理を伝える代弁者としての教師への信頼感を抱いていたと思うのです。いまにして思えば幻想としかいえないことかも知れませんが、当時の宗像先生には、教師を信ずる以外に道はなかったのかも知れません。

八木　本書第二章では宗像さんの戦争責任を追及されたことをお話しいただきました。

牧　私は知識人が戦争についての反省を本当にのべたことを聞いたことがありません。しかし、宗像さんは数少ない、自分の過去について痛切な自己批判をした一人でした。ですからやはり優れた方だったといまでも思っています。

労働権と学習権を結びつける

荒井　牧先生は国と「私」の関係について、「国家が『私』の領域にまでどんどん踏み込んでくるのに不快感をおぼえる」（『教育権』六頁）ということを書かれていて、他方で新しい結合の形を模索されています。イヤな結合の形が出始めたことへの危機感ですね。当時、また国家がズカズカと入ってくる感覚を感じたのはいつですか。

牧　一九六六年に出た「期待される人間像」（中央教育審議会が出した答申で、青年に愛国心や遵法精神を育成することが強調された）です。「家庭を憩いの場とすること」などと書いてありました。どういう家庭になろうと国家がそんなことをいう筋合いはないわけです。そういう状況の中で、宗像先生によって立つ基盤をもう少し広げて考えていただきたい気持ちがあったのです。つまり、子どもの教育を選択できる親は、よほど生活に余裕のある人々です。庶民にとっては、中学以上の教育を選ぶなどということは考えられないことでした。したがって、私は宗像先生がいわれる親の教育選択権だけでは、教育権を十分ととらえたことにはならないと思っていたのです。単純化していうと「教育を人民の手に」というか、「働くことと学ぶこと」というか、「労働権と教育を受ける権利（学習権）」を統一的にとらえることです。「教育の自由」として、親の選択権や、教育専門職である教員の教育の自由を説くだけでは十分ではないという気持ちがあったのです。

東京大学教育学部附属高等学校の校長をしていたころ
（同校1985年度卒業アルバムから）

いまは日本国憲法でも「勤労の権利」が定められていて、労働基準法もできていますが、実態が問題です。いまは派遣労働やブラック企業のように労働実態は悲惨で、夜学の教師をしていた五〇年代はこんなにひどくはありませんでしたが、でも、学ぶことと働くことが矛盾した構造になっているのは困ると思ったのです。

夜学の生徒は昼間働いていて、夜勉強に来ているので、同じ人格の中に働くことと学ぶことがいっしょになっています。でもそれは背反的な関係になりかねないのが実態です。夜学校へ行くためには、「四時半になったら仕事を切り上げさせてください」と雇い主に頼まなければなりません。「ダメだ。今日は五時半まで働け」といわれたら、学ぶことができなくなり、両立は難しいのです。それが両立できるような新しい関係をつくっていかないことには、一歩も先へ進まないと考えたのが、この本を書かせた動機です。

荒井　憲法には書き込まれたけれど、それを支える社会的環境抜きには抽象論で終わってしまう。だから社会的関係とセットでなければ教育権は完成しないということですね。国民主権といっても、その主権者性を保障する仕組みの一つとして働くことと学ぶこととがあるので、切り離したらいけないわけです。

牧　教育権だけでは綺麗事で終わりになってしまって、社会的生活をしている者の納得が得られない。社会的な関係をきめ細かく考え直して、構築し直せなければ、「教育を受ける権利」も「労働をする権利」も一人の人格の中で統合されることにはならないと、いまでも信じています。

憲法を実質化させるために

八木　憲法は基本法ですから、具体的な権利をどのように保障していくのかは、個別の法律を制定していかなければ、憲法の内容は実質化させることはできません。たとえば女性の権利について憲法では、性別で差別してはならないとか、婚姻は両性の合意のみで成立すると書いてあるだけで、「男女とも同一労働には同一賃金を与える」などとは規定されていません。一九八五年に男女雇用機会均等法ができて、募集・採用・昇給・昇進・教育訓練・定年・退職・解雇などの面での男女平等が定められましたが、実際には「男並み」に働かされて体を壊して職場を辞めていく女性も多く、いまも非正規労働者の七割は女性ですから、「女性が輝く社会」とはほど遠い状態です。

このように、憲法をつくった時点では想定されていなかった社会の変化があります。憲法二四条の両性の合意によってのみの結婚などというのは、家父長制の下で個人の意思を無視してほとんどの人が親が決めた結婚をさせられている時代だったから、そこからくる弊害を是正するためにこの規定が設けられたわけで、当時の時代の要請はそこでした。多くの女が働くようになるなどとは、当時は考えられていなかったわけですね。

牧　児童労働についても、憲法には「児童は、これを酷使してはならない」と書いてあるだけで、賃金・就業時間・休息その他の勤労条件に関する基準は法律で定めるとなっています。そういう意味ではいまの憲法が十分かといえば十分ではないのです。もっと権利は明確に保障すべきであると思いますし、公共の福祉に反しない限りなどと限定句がついているのは基本的には賛成できないのです。

しかし、安倍首相は二〇一六年の参議院選挙のあとに憲法を改正したいといっているので、いまはとてもではないけれど、「憲法のここが不十分だから改正すべきだ」などと口にできる状態ではありません。うっかりすると安易な改憲論に乗っけられる危険があるからです。

ですから「護憲」というときには、憲法の積極的な面を生かして、憲法を実質化する社会の変革が伴わなければ、憲法を守ることで何を守るのかよくわからなくなってしまいます。

第四章

教育とは儚い方がいい

（1）子どもの未来は子どもに決めさせる

いま、教育と労働は「権利」か?

八木　ここからは、現在の教育をめぐる問題について、牧先生のご意見をうかがっていきます。

まず、牧先生が研究されてきた教育権についてですが、いまの若者にとっては、「上の学校に行けと親から強制的に勉強させられるから勉強する」「働かないと食べていけないから働く」というふうに、教育も労働も「権利」とは考えられなくなってきています。あるいは、義務教育も充実し、高校の進学率も上がり、学校には行けるようになったのですが、いじめや不登校の問題が始まり、行けるようになったのに行けない状況も生まれています。いま、学ぶことや働くことは心の底から欲する基本的人権といえるでしょうか。

牧　このように時代が変わると、権利そのものも変わってくるということです。いまはまた別の段階になっています。せっかく充実してきたシステムを使えない状況になってきたのですね。それも教育を受ける権利の甚《はなは》だしい侵害です。

社会的な関係がどのように変化するのか、そのことによって、権利がいくら憲法に書いてあっても実際の生活の中では背反的な関係になってしまい、働く権利と学ぶ権利を統合するということは事実上できなくなってしまうのです。

私が夜学の教員だったころ、夜学は超満員ですから、入りきれないくらい勉強に来る子が多かったのです。二、三年前に、私がかつて勤めていた都立第三商業高校を見にいったのですが、生徒の人数が減ってしまって驚きました。それほど豊かになったとはいえないはずなのにと不思議に思いました。どうしてかと先生に聞いても教えてくれませんでした。

荒井　東京都では二〇〇三年から二〇一〇年までの間で、六二の都立高校夜間定時制が廃止になりました。学校そのものを廃校にしてしまうのでなく、定時制課程をなくしてしまうのです。先生の卒業された東京府立五中の後続校だった都立小石川高校を含め、都立高校一〇校が、数年前に中等教育学校と呼ばれる中高一貫校になりましたが、そのときに定時制を廃止した学校もかなりありました。廃止にしてどうするかというと、チャレンジスクール（不登校や高校を中途退学した生徒向けの昼夜間三部制の定時制・単位制・総合学科の高校）や、統廃合してできた総合高校などに、新たに一七校開校しています（「都立定時制高校を守る会・連絡会」ウェブサイトによる）。

八木　ちょうどそのころ東京都教育委員会に「なぜ廃止するのですか」と直接聞いたことがあります。そうしたら、「もう需要がありませんから」という答えでした。「いまは不登校の子が行くところが定時制になっています。不登校の人はチャレンジスクールに行ってもらえばいいいので」とあまりにもあっさりといわれて驚きました。

荒井　いま、都立のチャレンジスクールは桐ヶ丘高校、世田谷泉高校、大江戸高校、稔ヶ丘高校、六本木高校の五校です。これは不登校生徒の増加という新しい事態に対応したようですが、数がものすごく少ないので、家からは遠くて通えない人が多いでしょう。

牧　もともと不登校の子は登校の意欲が薄いですから、近ければ行くけれども遠かったら行かないという子もいるのです。定時制高校なら近くにあるから行こうかなということにもなるでしょうが……。定時制高校をたくさん廃止しておいて、その代わりに五校しかないチャレンジスクールに行きなさいというのはあまりにも乱暴です。それにチャレンジスクールが万能とはいえないし、定時制高校やフリースクールなど、不登校の子のためには、いろいろな可能性があった方がいいと思います。

荒井　定時制高校が残っているところももちろんあります。定時制全体の定員が減ったので、今度は受験をしても落ちるようになってしまったのです。

牧　定時制はこれまでは受験すれば入れる状態で、むしろ定員割れをしているところもありましたから、ずいぶん厳しいことになってきたのですね。

荒井　不況が長く続いて都立高校の全日制は入試の倍率が上がり、全日制から定時制に受験生が流れることになり、本当に入りたい生徒が入れない状況になってしまっているのです。いまは中学を出て働く人はほとんどいませんから、全日制高校に行かない、行けない事情のある人は通信制の高校に行ったりしているようです。

八木　定時制高校の教員をしている友人から聞いたのですが、入れなかった子が夕方五時ころに校門のところでたむろをしていて、「なぜここにいるの」と聞くと「俺ここの高校に入りたかったけれど、入れなかったから」というのだそうです。「もう定時制を必要としていない」と東京都教育委員会はいい切っているのに、こういう子たちが現にいるわけです。一方で、定時制高校は、新しく組み替えられて、いくつかの時間帯から選んで自分の生活時間に合わせて勉強する形になっています。

最近、都立立川高校定時制など、さらに廃止する動きが出ていると聞きました。そういう状態ですから「都立定時制高校を守る会・連絡会」という団体を中心に、「定時制の灯を守れ！」と運動をしています。

牧　これは一つの「教育を受ける権利」の危機です。かつて石原都政が教育制度をいじったことのしわ寄せが来ているのです。こんなことが起こっているなんて、冷たい状況ですね。行政には、自分の生活時間に合わせて勉強をする生徒の要求に応える責任があると思います。

荒井　日本の教育はやはりおかしくなっていると感じられますか。

牧　私の孫娘がいま二四歳くらいで、アメリカの企業で働いています。その子が小さかったころ、一時日本に帰ってきました。ですからもう一五年くらい前の話ではあるのですが、日本の学校に通ってみて、こんな質問をしてきました。

「おじいちゃん、どうして日本では先生に聞かれてお返事するときに、立って答えなくちゃいけないの？　アメリカだったら座って答えても何もいわれないわよ。なぜ？」と聞きます。「それから、まだあるのよ。学校に行くときにみんな集まって一列に並んで行くのはどうして？」と聞きます。私は困って、「事故に遭ったりすると危ないからじゃないのかな」と、いい加減な答えをすると、「そういうことを聞いているんじゃないのよ。行きたいときに行くんじゃダメなの？」とたたみかけてきます。

「ご本を読んでもいい時間っていうのがあるよね。なんで椅子に座って机に向かって読まないといけないの？　寝っ転がって読んじゃいけないの？」。これも困っちゃう。大人でも本を読むには寝床で読んだり、格好はさまざまです。「その方が外から見たときに格好がいいからじゃないの？」と、答えにならない答えをすると、孫娘は「そんなこと聞いているんじゃない。なんでいろいろな格好をして読んじゃいけないのかと聞いているのよ」と怒るのです。

こういう状況はいまも基本的に変わっていないでしょう。

「ゼロ・トレランス」（無寛容）な教育現場

牧　その証左のような恐ろしい実態を知りました。この前たまたま『人間と教育』（民主教育研究所編集、旬報社刊）という雑誌が、「ゼロ・トレランス」のことを特集していました。トレランス（寛容）が限りなくゼロに近い。始まりはアメリカの生徒指導で、ある基準を設けて、それ以下ならば別のところへ行けとか、振るい分けをするために使われた言葉です。もっと元をただすと、企業の品質管理から出てきている言葉です。それが生徒指導に適用され、やがて学習指導にも適用されるようになってきたのです。

八木　具体的な方法としてはどういうことになりますか。

牧　みんな点数をつけてしまうのです。例えば、学校にきたら上履きに履き替える、履き替えなければマイナス一点とか、遅刻はマイナス何点とか、そこではやってはいけないゲームを体育館でやったとか、そういう生活指導上の基準で点数がマイナス五点になるとアウトで、別の学校に行くということになるのです。その指導に当たっていた教員も、「指導力がない」と判定され点数がマイナスされ、配置換えになるのです。「ゼロ・トレランス」などという発想を生徒指導で使うことはもちろん問題だと思うのですが、教育の内容、教え方にまで至ってしまうとなると、教育が教育でなくなってしまうわけです。

成績というものは昔から点数だったわけです。しかし高校でいえば、及第点を取れなかった生徒を落第させるかどうかは、職員会議で最終的に決めるので、そこでの合議の結果次第では、救われたり救われなかったりするのです。そこを厳しくして、点数で厳しく切ってしまう傾向が強まっていけば、どんな学校になるでしょうか。日本のどこかで現実にやっているところがあるのです。とても驚きました。教育の破壊です。

荒井　子どもが少なくなっているのだから、ていねいにみようと思えばみられるのです。どこに問題があるのでしょうか。

牧　企業の用語を敢えて使うと、教育の「品質管理」が問題なのです。「愛国心に燃えてまさかの時に命を捨てる子どもになれ」とまでは政府は要求していませんが、「不正を憎み国のためにつくす」子どもに育ってほしいということなのです。そのためには自由度はできるだけ小さくしていこうという方向に動いているのではないかと思います。ぼんやりしている段階は過ぎて、いまは一番危険な段階だと思うべきです。

いまや学校は子どもたちを囲い込み、序列化して、困った子どもを排除するところとなっています。教科書を与えて、それを覚えなさいと強要する。人を拘束して学習その他を暴力的に強制する装置が学校ですから。そのために競い合わせるという、教育とは縁もゆかりもない原理に貫かれている場所なのです。こんなところで子どもがのびのび育つわけがない。「のびのび育てましょう」などというのは言葉だけで、実態がおよそかけ離れて久しいのです。教育でないものを教育と詐称してきた歴史があるといわざるを得ない。開かれた関係というのは学校にはほとんどないと私は思います。

学校システムはなぜこうなった?

八木　そうすると学校システムはどんどん固く強く大きくなってきたのですね。

牧　学校は身体を拘束するだけではなく、精神も拘束します。例えはよくありませんが、刑務所に似た組織だと思うのです。始まりの時間も終わりの時間も決まっていますし、勉強する科目の時間割も決まっています。自分の自由には絶対にならないのです。そのように閉じ込めるのが一つの原理になっていますし、序列主義というか競争主義というか、その中で競わせる。つまり、いい点数だった生徒は評価されるけれども、できの悪い生徒はできれば別の学校に行ってくださいというふうに、選別されてしまうのです。

閉じ込めて選別して序列をつけて、しかも「見せる」入れ物でもあるのです。「こんなにきちんとしています」と、参観日や公開授業や学芸会など、親などに見せるための授業があります。

さまざまなシステムのあるおかしな学校がつくられてしまい、そこに通うことを誰もおかしいと思わずに暮らしてきているのです。ですから少しでも過敏に考える子がいると、こんなところについていけない、私はもっと違う時間に学校に行きたい、違うことをやりたいと思ってしまう。そういう子は不登校になってしまい、別の扱いになるのです。成長期の一番大切な時期を大人が勝手にある入れ物に入れて、ある訓練をして、ある人間に育てようと手をかけてしまうという、非常に残酷なことをする制度が学校だと思うのです。だから孫娘がいったことの方が正解です。

そうではなくて、もし自分がやれることがあるとすれば、自分の内側に問いかけることができれば、そのきっかけをつくってくれるというか、そのことくらいは学校はできると思うのです。そういう儚《はかな》い営みだと知っていれば、子どもに無理強いをして「何で宿題をやってこなかったのか」なんて怒鳴ったりしなくてすむと思うのです。ものの考え方がおかしいな、歪んでいるなと思います。

なぜこうなったのかといえば、日本のいまの学校は明治末年にはできあがり、それから後は惰性で節目がないのです。戦争が終わったときにもっと深刻な反省をして、本当に白紙の状態からつくり直すことをしなかったために、わけがわからないうちに、もと来た道に戻ってしまいました。

荒井　明治憲法期には、学校は臣民を育てるためにあるとされていました。いまの憲法になったら、学校は教育を受ける権利を保障するためにあると、法律上はなったはずなのに、実態は明治憲法の時代とつながっているということですね。

牧　私たちの少年期は明治憲法下での教育でしたが、「このように教え込むとこういう子どもができますよ」と、工業製品のように品質管理をうまくすれば立派な製品ができるという仕組みで学校制度ができ上がっていました。その中から、大学まで行って勉強した方がいいとか、小学校卒業で働いた方がいいという仕分けを適当に学校がして、世の中に放り出すというシステムが、明治二〇年代くらいに考えられたのです。

子どもの人権訴訟を通じて

荒井　牧先生が『教育権』の中でも書かれていて、その後もずっとおっしゃっているのは、子どもの学習というのは、今日の必要に合わせて教える、今日の課題を解決するために教えるというのではない、次の社会を担う子どもが自分で決められるようにするということです。その感覚は、教育関係者には広くあるところですが、企業経営者や国家を安定させたいと考える人たちには、教育を通じてある価値観を教えなければならないという要求があります。牧先生はなぜ「子どもの未来は子どもに決めさせる」と考えられたのですか。

牧　いまの小さな子どもたちがどう育ち、どうこの国をつくりたいと思うかは、私が決めることではないし、私が押しつけることでもない、彼らが決めることですから、それは彼らが育っていく過程にまかせるほかはないと思うのです。

静岡大学に勤務していたころに、裁判闘争がたくさんありました。子どもが自分の言い分を聞いてほしいというのに、それを無視して子どもに罰を加えるとか、挙げ句の果てには「教育上の配慮」という名の「暴力」で、ついに子どもが自ら死を選ぶことに誘い込んでしまうという事件がたくさん起こり、訴訟になったのです。

そういう具体的なことを通じて、「なぜ子どもはこんなに尊重されないのか」という思いがわき起こりました。子どもだって一個の人間だから、こうしてほしいとか、こういうことはイヤだという言い分があります。例えば「こんな部屋に一日中閉じこめられては困る」という〝まっとうな〟言い分だったら、理屈に合わない扱いを受けて子どもが抗議したとしたら、親がそれにきちんと向き合って、教員に改めてもらうようにしようとか、直らないなら裁判にするしかないということになった例を、たくさん体験しました。ですから、そういう観点で親子関係や教員と子どもの関係を見るように、私自身が習性づけられてしまったのです。

八木　具体的にはどんな事例があったのですか。

牧　ここでは、二つの例のみを少し詳しく紹介しておくことにします。

O君の事件というのは、一九八一（昭和五六）年当時、ある中学校で行われていた催眠術遊びというものです。二人の子どもが向き合って立ち、被術者たる一方の生徒が大きく息を五、六回吐き、肺内の空気を吐き切ったところを見はからって、他方の生徒が被術者である生徒の胸を手拳等で勢いよく突き、これによって被術者たる生徒が呼吸困難となって、あたかも催眠術にかかったかのように意識がもうろうとなるものです。ひどいときには被術者が転倒し、けいれんを起こすこともあるような遊びでありました。この遊びの被術者が訴え、勝訴した事件でした。

もう一件は同じく中学校一年生の生徒であり、この生徒に対して四人の生徒が飲食物を運ばせ、食べたあとの片付けもせず、トイレ掃除当番のときは、被害生徒に対して水をかけるなどの行為を繰り返していました。暴言、暴行の繰り返しについて、教員側は十分な指導配慮義務を果たさず、ついにこの被害少年は、自ら命を絶ってしまったという事件です。当然のことながら、被害者側が勝訴しました。

このような「いじめ」の例は数多くあって、例示するのも苦痛なので、二例にとどめておきますが、「いじめ」の傾向は少なくなるどころか、増加しているという実態に注意してほしいと思います。

子どもは親も先生も友だちも聞いてくれないと、生きている意味がわからなくなってしまうのです。「自分なんかいなくてもいい。いるとかえって迷惑になってしまう」と考えて、最終的に自ら死を選んでしまいます。もし教育の問題を考えるのであれば、学んでいる、あるいは子どもとして生きている人の側から見えるものは何か、聞こえてくる声は何か、考えていることは何かを、突きつめるようにしないといけないと思うようになりました。私たち大人は勝手に自分の想像力で、子どものことを考えたつもりになっていることがあります。一度自分の頭の中を壊して、まっさらにした中で、子どもの側に立ったら何が見えるのか、何が聞こえるのか、大人には考え直してほしいというのが、正直なところです。たくさんの事件を見れば見るほど、知れば知るほど、そういう思いが強くなります。

「脱学校化」しておくべきだった

荒井　現実には、子どもの声を聞くよりも、まずは教え込まなければならないという声が強くなってきていると思いますが。

牧　何か行事のときには「日の丸」を掲げましょう、「君が代」を歌いましょうとか、きちんと整列しましょうというのは簡単だし、やらせるのも簡単かも知れないけれど、それはある意味で大人の論理です。本当に子どもたちが、そうしたいと思っているかどうかは、わかりません。子どもたちは放っておいても、まとまって行動することはあり得ます。

むしろ放っておいていいことが起こる可能性もあります。逆に、二〇一五年二月、川崎市の多摩川河川敷で中学一年生の少年が殺害され、遺体を遺棄された事件のように、危ないことが起こる可能性もあります。

「子どもの側から見よう」とか、「子どもの側から聞いてみよう」とか、「子どもが期待していることを想像力をふくらませて考えてみよう」とか、言葉でいうのは簡単なのだけれど、われわれが実践するのは簡単ではありません。

学校だけをよくしようと思ってもダメなのです。夫婦や同僚、地域など、大人の関係が劣化して、非人間的な関係に変わってきてしまっています。なぜそうなったのかは重大問題で、簡単に答えは出てこないでしょうが、人間の優しい社会関係を取り戻すことができないと、子どもたちがのびのび育つのは、難しいだろうということくらいしかいえません。

荒井　難しいですね。親や教師はどういうことを考えておけばいいのでしょうか。

牧　「私はこの人を育てました」などと傲慢《ごうまん》であってはならないし、思ったようには育たないのが人間です。そういうことでいえば、教育とは傻い営みでしかないと思うのです。そういうことを自覚していれば、無理矢理覚えさせるとか、教え込もうということにはならないと思います。
そうではなくて自分の内側に向かって問いかける営みというものを多少援助する、ヒントを与える、多少サポートするということがあったとしても、教えてやるとか教えてもらったという関係はあまりにも機械的すぎて、近代化に毒されているものだと思うのです。子育てもそうですね、思ったようには育ちませんからね。

八木　「教育とは儚い営み」、いいですね。

牧　やはり、学校という入れ物は、たんなる入れ物ではありません。学校というのは、子どもたちを長い時間、拘束している場所です。しばられている中で唯一通用している原理は、「できるか、できないか」ということなのです。いわれたことができればOKなのですが、いわれたことができなければ、振り落とされていく競争原理がそこで働くのです。敗戦直後の二年から三年間は、学校というシステムがまったく解体していました。何をやっても自由で、自分がやろうとしたことができたので、それは得難い経験でした。学校の成績もつけなくなりましたが、そういうことをしていると勉強ができなくなるかというとそうではなくて、上の学校に行くならどこに行くか決めて自分で勉強すればよかったのです。私は麻雀をやって、その余暇に勉強をしていました。母には友だちの家で勉強するといって遊びに行っていました。それでもなんとなく上の学校に入れたのでよかったのです。上の学校に行けなければそれはそれで、昼間働いて夜学にいけばいいくらいに考えていました。もう一度そういう時代がくればいいなと思っているのが、正直なところです。

いまは学校のシステムが解体した時代の体験を持っている人は少なくなりました。あの頃はとても解放された時代でした。本当は、敗戦後のあの時期に、学校という仕組み、構造そのものを一度解体して、「脱学校化」していく原理をもっと追求すべきでした。

荒井　「脱学校化」ですか。

牧　いまにして思えばそういうことがいえるのであって、その当時はそこまでは考えませんでした。とにかくいままでのように拘束された生活はもうやめてもらいたいという気持ちがあり、それらしき動きもなかったわけではないのです。

戦後、子どものいじめや不登校や引きこもりなど、さまざまな問題が出てきて、それに対応するために、いろいろな取り組みが始まりました。自由の森学園中学校・高等学校（埼玉県飯能市）もそうですし、奥地圭子さんが始めたフリースクール・東京シューレ（東京・

王子、新宿、千葉・流山）もそうですし、いままでも従来の学校の枠組みを破った居場所をつくる試みがありました。素晴らしい成果を上げています。

しかし、それらも従来の「学校」という形式にならないと、存続できないというディレンマを抱えており、依然として学校システムの解体は進まないのです。

荒井　それはなぜなのでしょうか。

牧　学校というのは、やはり日本の社会の構成原理の重要な柱の一つになっていて、それが社会的なステータスを決定するのに、近い位置を占めているのです。学校がもし解体してしまったならば、企業の論理だけでこの社会をコントロールすることになり、それではかえって困難が生じ、やはり学校の助けが必要になるのでしょう。しかし依然として学校が持っている力に拘束されていて、そこで競争を強いられている。なるべく見栄えがいいように、人目につくように、所作もそうあるべきというトレーニングをやる場所と、位置づけられてしまったわけです。

少し昔を振り返ってみれば、そういうものはなかったわけです。江戸時代には、武士階級という限られた階級の人々にとっては、藩校など、今日われわれが「学校」と呼んでいるようなものがあったにしても、一般庶民にとっては、学校は暮らしを立てていく上で絶対に行かないと困るというものではなかったのです。

明治期に入っても、明治二〇年くらいまでは寺子屋方式や塾方式、あるいは家庭教育に限られ、社会階層別に学ぶ場が区分けされていました。

その後、学校システムが完成するのは明治末年ころでしょうか。本当にそれが一人ひとりが生きていく上で、これがないと生きられないほどの値打ちがあるかどうかは、疑わしいのです。だから昔に帰ればいいというわけではないのですが……。

（2）国家が教育を手中に収めるということ

八木　さきほど、明治期、学校システムが完成したころのお話をされましたが、今日の教育をめぐる動きとおおいに関係がある気がするのですが。

牧　国家が教育を手中に収めるということ、これはマルクス（哲学者、思想家、経済学者、革命家、一八一八―一八八三）が「ゴータ綱領批判」（一八七五年、『マルクス＝エンゲルス全集』第一九巻、大月書店ほかに所収）の中で、そうあってはならない、国家を国民教育の教師にしてはならないと厳しく戒めていたのだけれども、見事にそうなってしまったのです。

一八九〇（明治二三）年の教育勅語で、教育の中身に国家が明白に手を入れたのです。小学校令（一八八六年、明治一九年）までは寺子屋にしても親が子を育てることに心を砕く領域であったのですが、教育勅語は国が教育の中に立ち入り、国家に忠義をつくせとか親に孝行しろということにまで口出ししたのです。マルクスの警告に反することを明治政府はやってしまったのです。

荒井　いま自民党の改憲案（二〇一二年）では、憲法二六条に第三項をつけ加えて、教育が大事だから国家が「教育環境の整備に努めなければならない」と書き加えようとしています。学校の目的を実質的に変えようとしていると思います。

内容について干渉する方が先に

牧　いまお話しした時期、明治政府は教育の内容に口を出しておきながら、お金は出しませんでした。それは話がおかしいということで、実業学校については一八八四（明治二七）年から国庫補助を与えることとし、義務教育については一九〇〇（明治三三）年の市町村立小学校教育費国庫補助法（義務教育の無償制を実現）から国が基本的に補助をすることになったのです。歴史的にみれば、内容について干渉する方が先にきたのですね。

中江兆民や植木枝盛に「政府や国家が干渉すべきものにはあらざるものなり」といわれた通りなのですが、初めは「私事」であった教育に対して、次第に条件整備の面倒をみようということになり、教育は国の仕事になっていったのです。それが大正期からずっと続いて、現代も続いているのです。

そのことを、いまは日本の革新政党も含めて、どこかに置き忘れてしまっているのではないでしょうか。国家が条件整備をすることの中に、教育の内容についても一定の条件を整備するとか、試案を示すことが含まれてもやむを得ないと、拡大解釈してしまう空気があるのです。

荒井　学習指導要領（文科省が告示する教育課程の基準）は国が教育をコントロールしていく一つの道具になっています。教育が大衆化していく中で、教師には教科書にもとづいて教えることが強く求められるようになってきています。教育の大衆化と国のコントロールの強化は比例していますね。

牧　そうですね。学ぶ者も大衆化して、先生の数も増えました。そうなると政府のいうことを聞く先生が大事にされて、疑問を持つような教員は、けむたがられる傾向が強くなるのです。所沢の小学校の先生が話していましたが、「このごろの学校の先生は、学ぶのがとても下手で、教えるのがとても上手」なのだそうです。この傾向をいい当てている表現だと思います。

自分で考えて自分で学ぶことをやらずに、学習指導要領とその参考書や資料集を頼りにしてやれば大丈夫だと考える先生が増えました。どうしてこれをやらなければいけないのか、なぜこちらではだめなのか、別の考えはないのかという疑問を持たない先生が増えてきているのです。

教科書検定と採択制度

八木　教科書も教育コントロールの大きなテーマです。二〇一五年は教科書採択の年でした。

牧　教科書の検定制度と選択制度は大問題ですね。二〇一四年一月、政府は教科書検定基準を見直しました。①近現代史で通説がない事項はそれを明示する、②政府見解や確定判例がある場合はそれを記述する、③未確定の時事的事項は特定の事項を強調しすぎない、の三点を加えるとし、改定教育基本法の趣旨（愛国心など）を反映させる教科書をつくらせるという方針です。これに従って検定が行われることになれば、国家が教育をするという、マルクスが警告した事態が生ずることになります。

八木　公立の小中学校の場合は、政府はできれば国定教科書のような制度をつくりたいと狙っているのでしょうね。

牧　そうなると、大手の教科書会社は大きなマーケットが握れます。県で一括して採択するようになれば、会社としては願ったりかなったりです。

八木　だから大手教科書会社は文科省にいわれた通りに教科書の記述を変えるのですね。

牧　育鵬社《いくほうしゃ》という右翼的な教科書会社があるのですが、二〇一五年の教科書採択では、そこの教科書の採択率は四%くらいです。安倍晋三氏が二〇一一年の育鵬社の出版記念集会で「改正教育基本法の趣旨に最もかなっているのが育鵬社の教科書です」と激励しました。特定の企業に肩入れするなどということが、あっていいわけがないのですが。

荒井　そうなると、教員に教科書の採択権があると大手教科書会社としては困ります。

牧　そうなのです。基本的には採択権が教員の手から奪われています。公立高校は学校ごとに教科書を決めています。国立・私立の小中学校は校長が決めますが、最も数が多い公立小中学校については、市町村教育委員会が基本的に決めるのです。市町村長と教育委員会が「統合教育会議」なるものを設け、市町村長はそこで教科書採択についても意見をのべられるシステムにしようという方向です。

八木　教科書の採択に市町村長が首を突っ込むのはおかしいですね。

牧　こういうことをおかしいと思わない先生が増えてしまったのが、いまの学校現場です。先生も新入生と同じように、配られた教科書と配られた学習指導要領を受け入れるだけです。その参考資料があれば授業ができてしまうのです。その前にさかのぼって学ぶ、疑うことをやらないのだったら、「教える」ことをやっていないことになるのではないでしょうか。

（3）新しいつながりを求めて

顔がわかっている関係の中で

荒井　私が大学院生のころ牧先生の著作を拝読したときは、先生は教育権論の解釈だけでは弱くて、新しい社会関係や実態をつなげなくてはいけないのだという論陣を張っておられました。つまり、国民教育の主体に国民自身がなっていくという観点が必要だということでした。

その後九〇年代には「子どもの権利」についての本を書かれたりしました。私の理解では、七〇年代には中国などの社会主義が健在で、労働者が権力を持つことによって新しい社会関係ができるだろうという雰囲気がありました。

ところが、先生のご著書『自分を生きる』（新日本出版社、二〇〇〇年）の最後のところで、「子どもの権利を保障する制度が作られることが課題なのではなくて、子どもが、『ホッとできる暮らし方ができる』ことが課題」（二一一頁）だと指摘されています。

一番おもしろいと思ったのは、「人間というのは自分自身だけでは完結できないのだ」ということで、この本のタイトルが示すように、「自分を生きる」というのは、じつは「他者とともに生きる」ということであり、他者とのかかわり方がなければ人間は生きられないということなのですね。このことは、本書第二章の上原専禄先生とのかかわりのお話の中で触れられました。

戦前、教育の中に国家がズバズバと入ってきたことをいままた復活させようとしているわけです。保守的な考え方の人は「権利ばかり主張したからこうなったのだ」というい方をして、義務をもっと教えるべきだといいます。国家が中心になって「公共性」を守れ、という声があります。

大学で教えていて感じるのは、いまの学生はもう多様性の大事さを捨てることはできないということです。かといって、投票にもいかない人がたくさんいます。牧先生は「新しい結合の形」ということについては、現時点ではどうお考えでしょうか。

牧　一人ひとりがいて、個人の市民的結合体があって、それが村や市になって、それぞれ全体がもっと大きな集まりになり、国になり、レベルの違う人のつながりがいろいろあるのだと思うのです。一人の親ではできないことを、四～五人ならできる。これがもう少し大きな共同体ならできるというふうに、一気に国や県に話をもっていくのではなくて、お互い顔と顔がわかっている関係の中で、日常的に疑問に思っていることや困っていることに関心を持って、何かを始めるというのがいいなという発想はあるのです。

『教育権』でコミューンのことを詳しく論じました。われわれが日本国民であることの前に、何かしらの市民的共同体、市民の社会的結合体があちこちにできていかないとだめだと思い、コミューンのことを研究していたのです。これが動機なのです。

詳しくは『教育権』を読んでいただくほかはありませんが、私たちは個々人が、それぞれ国家と向き合っていると自覚もしていませんし、そういう関係ではないと思うのです。

例えば、子どもたちの権利が、個々の親の私的努力のみでは守れないとするならば、子どもの人間的発達の保障は、階級的努力というか、働く人々の「力」によって、資本家や政府に強制することによらねば、達成されないということになります。

こうした人々の共同の努力を進めるために、「家族」や「部落」があり、村落共同体や共同組合など、さまざまな社会的結合体が存在するわけです。

教育に限定して考えただけでも、働く人々にとって、子どもの教育は、自分自身の解放と同時に、私的なものではなく、共同の事業としての性格を持っていることは明白だと思われるのです。

「一八七一年三月二六日の人民の叫び」でジュール・ヴァレスは次のように書いて、「帝政の正反対物」であるパリ・コミューン誕生の日を賛美したのでした。


三月一八日は、危ないところでおまえを救ってくれたんだよ、わんぱく小僧よ！　おまえは、われわれと同じように、霧のなかで大きくなり、泥のなかでまごつき、血のなかをころがり、恥辱で死ぬような目にあい、名誉を汚された人間の言語に絶する苦悩をなめるところだったのだ！

しかし、もう何もかも終わったのだ！　われわれは、おまえのために血を流し、涙を流したのだ。おまえはわたしたちの遺産を受けついでくれればいいのだ。

絶望した人たちの息子よ、おまえは自由な人間となることだろう！

ジュール・ヴァレス

（『パリ・コミューン』中央公論社、四六二頁）

コミューン、つまりは人民の合意によってつくられた人民の社会的結合体が、ここに生まれ、短命ではありましたが、歴史にその足跡を残したのでした。何もこの例を絶対視する必要はありません。私がいいたいのは、いかなる形であれ、人々の合意にもとづく社会的結合体なしには、共同の事業を行うことはできないということです。

荒井　国レベル全体で取り組めることと、草の根でできることがありますけれども、私たちは何から始めていったらいいでしょうか。

八木　一〇年くらい前、地域で集まっておしゃべりする「教育懇談会」をやったことがあります。親と先生の有志と地域の人が集まっていました。そこに先生に参加していただくのが非常に難しかったのを覚えています。いまは、学校の枠組みを超えて地域で何かやるのはさらに難しくなっているでしょう。

牧　そうやってワイワイ集まっていると、なんとなくうさん臭い人たちが集まっているとＰＴＡの幹部や学校が思うわけです。自分たちのいうことを聞いてくれない人たちが集まっていると思うのではないでしょうか。そして、そういうグループの中に教員が入ろうものなら、すぐに規制の対象になるのです。

八木　先生方は親と接触することをものすごく警戒しています。最近はクラス名簿や連絡網は個人情報保護の関係でつくられなくなってきているけれども、そこに先生の連絡先を載せることを学校が禁止したり、先生が拒んだりします。

牧　学校や教師に理不尽な要求をしてくる「モンスター・ペアレンツ」を警戒しているからですね。親と教師・学校の関係が分断されてしまっています。

八木　親同士の関係も分断されています。公立小中学校のＰＴＡを横断的につなぐ「Ｐ連」（ＰＴＡ連絡協議会）がある市町村があります。私の子どもが小中学生だったときに住んでいた市では、Ｐ連の活動が活発で、市に対して教育要望書を出したりしていたのですが、保守的な父母からの攻撃で一校一校歯が欠けるように脱退して、いまは数分の一になってしまったようです。保育園の父母会の連合体も同じように解体していくのです。いまはそういう段階ではないでしょうか。

荒井　親がつながるのが非常に難しいのです。少なくないＰＴＡは学校のお手伝い機関、御用機関になっています。

八木　個々のつながりはどのようにつくっていけばよいのでしょうか。ママ友がソーシャル・ネットワーク・システム（ＳＮＳ）でつながって、ファミリーレストランでランチをするようなことはあるのですが、そこで子どもの教育をどうするかを話すというより、どこの塾がいいかという話題になりがちです。

牧　「あなたのお子さんが行っている塾はどうなの？」という話にはなるでしょうが、これは難問ですね。

友だち関係が変化している

牧　こうした人間関係の変化は、大人だけでなく、子どもにも広がっているのですよ。

私はそういうことに関心があるから、小さい孫にも大きい孫にも、「お友だちは何人くらいいるの？」と聞いてみるのです。みんなでわいわいがやがや集まるような友だちはほとんどいないのです。「何をやって遊んでいるの？」と聞くのですが、ゲームをしているかおしゃべりをしているかです。

ではおしゃべりは何人でしているのかというと、二人でしているというのです。「そういうのは、おじいちゃんはおしゃべりとはいわないのだけどな。数人で、わいわいがやがや、先生の悪口をいったりするのをおしゃべりというのだけど」と話すと、「そういうのはあまりやっていない」というのです。「四～五人で何かして遊ぶことはないの？」と聞くと、「ない」というのです。

「では学校が終わったあと何をやっているの？」と聞くと、「ゲームをしたり、おしゃべりしたり。そのうち塾に行かなくてはいけなくなるから」というのです。

八木　お孫さんは何年生ですか。

牧　小学校六年生です。いまの小学校高学年は週に一日しか休みがないという子が多いのです。塾や習い事でスケジュールが埋まっているのです。五年生の男の孫は空手をやっているのですが、空手の仲間と遊んでいるのかと思いましたが、それもないようです。

荒井　「友だち」の概念が変わってきていますね。

牧　顔を合わせて、言葉を交わして、いっしょに何かをするのが友だちなのですがね。

荒井　「昔は友だちってそういうものだったらしいけれど、いまは違うのよ」なんてことになりかねませんね。

牧　それぞれがスマホをやっていてもいいそうです。あるいはスマホの中の友だちも友だちらしいのです。もう人間関係が想像できないくらい変わっているのです。恋人同士でもデート中でもスマホを手放さず、それぞれがスマホの別の友だちとつながっていることも起こるのです。

八木　いま二三歳と二〇歳になる息子がいるのですが、先生がおっしゃるような、いわば古典的な「友だち」の概念を持っている最後の世代になると思います。

上の子が小学校低学年のときには、一時期埼玉県に住んでいたのですが、共働きなので小学校三年生まで学童保育に行っていて、四年生からは公園で野球をしていました。五年生になるときに埼玉県から東京に戻ってきたのですが、そのころはもう東京の子どもは家でゲームをやっている生活になっていたのです。そこに息子が埼玉の草野球文化を持ち込んで、「野球しようぜ」とみんなを家から引っ張り出して、公園で野球を始めました。それを感謝してくれた親もいて、いまもつながりがあります。

牧　いまの小学生は、もっときっちり管理されています。親が共働きだとなおさらです。子どもが四年生になると、三年生まで学童保育にいた時間帯には習い事を入れて、学童保育の代わりに面倒を見てもらうのです。五年生くらいになると、中学受験を視野に入れて塾に週に三日か四日くらい行くようになります。中学に入ると部活と塾です。ですから非常に忙しくて、「友だち概念」などといっている時間がないのです。この数年で小学生が特にだいぶ変わりましたね。

八木　最近は「孫育て」「育ジイ」という言葉も生まれ、働く親に代わって祖父母が孫のスケジュール管理をするようになってきました。みんながそうではないでしょうが、祖父母の手助けがなければ子育ては大変です。

さて、最後の話題として、集団的自衛権と平和について、若い世代との関係でお話を進めていきたいと思います。

平和を求める若者の姿に

牧　いまの若者の最大の問題は、なんといっても集団的自衛権の行使容認で、戦争に行かされる危険が高まっていることです。「自衛官でないから大丈夫」とのんびり構えている若者や親には、「じゃあ、自衛官は若者じゃないの？」と問わなければいけません。自民党幹部の中には、徴兵制も視野に入れた発言をする人さえ出ていますから、人ごとだと考える時期は過ぎたといえます。

いまの若い人は、かつて戦争に至る道筋で国民が何をやられたかを知らない人が多いですから、彼らの頭の中に何かを刷り込むのは比較的容易にできます。テレビや新聞、インターネットなどの文化を通して、同じような色に塗ってしまえばいいのです。だからすごく恐ろしいと思っています。

八木　ただ、いまの若者が戦争当時の若者と違っている点は、人権感覚、民主主義的感覚が培われてきているという点だと私は感じています。自分に対する理不尽は敏感に感じ

安保法制に反対して国会周辺に集まった人たち

ることができるし、ブラックバイト（人権無視・低賃金で酷使されるアルバイト）での搾取に憤《いきどお》ったり、女性はとくに性差別的な場に置かれると、それを感じることができるのです。

戦争の時代にはそれを自覚した人はごく少数のインテリに限られていたでしょう。その違いはこの何十年かの教育というか、社会の変化によるものだと思います。集団的自衛権行使のための法案に反対して、大学生や高校生が立ち上がりました。高校生が立ち上がったのは六〇年安保闘争以来だといわれています。

牧　そうですね。たしかにいまの状況を見ていると、六〇年安保闘争のときを思い出します。一九六〇年六月一五日のデモで、全学連主流派（ブント＝共産主義者同盟系）が衆議院南通用門から国会に突入して、警官隊と衝突し、当時東京大学の学生だった樺美智子《かんばみちこ》さん（一九三七―一九六〇）が二二歳で亡くなりました。当時私は東京大学に勤務していましたが、学生に何かあったら困るわけで、私たち教員も何とかしなくてはいけないと、学生に引きずられてデモに出かけるようになったのです。そうするうちに、学生を見守るだけではなくて、やはり自分たちも声を上げなくてはいけないということになっていきました。六〇年安保闘争のときは、民衆の力が岸信介内閣をつぶしたわけですし、結果としてアイゼンハワー大統領の来日ができなくなりました。

今回の集団的自衛権反対の運動も、それに近いような状況があったと思います。学生、学者などの団体もたくさんでき、いろいろな動きが全国的にあります。すごいことです。こういう若い力を信じて、世代を超えてつながっていきたいですね。

八木　ふたつの憲法の時代を生きてこられた牧先生から次世代に伝えたいことを、「次世代」を代表して聞いてきましたが、さらにその次の世代が確実に育ってきていることを、喜び合いたいと思います。

荒井　長時間にわたるインタビューにおつきあいいただき、ありがとうございました。

＊本インタビューの一部の初出は多摩住民自治研究所発行『緑の風』（二〇一五年七月号）であり、大幅に改稿してあります。

おわりに

軍国主義時代に生まれ育った少年が、どのように第二次大戦後を生きたのかが綴られています。この少年は、やがて成人して教育の畑で育つことになるのですが、良くも悪くも、教育の研究者としての私が、この目で見て、この耳で聞き、この頭で考えたことを基礎にして、文章はつくられています。

いま「研究者としての私」と書きましたが、私は何よりも働く人間であり、研究者というよりも、学ぶ者としての教員でした。したがって本書は、教育の研究書ではないのです。

敗戦になり、手のひらを返したように変身した大人たちをみて、屈辱感を味わったものです。責任ある立場の人の中には、天皇陛下に申し訳がないと思って自害した人もいました。知識人といわれる人の多くも、戦争協力への反省の文を書かないで、その立場を変えたのでした。

私が接した人は校長であったり、著名な研究者であったりしました。情けないではないですか。個人として主体的に生きることを信条としているはずの人が、くるりと変身するなんて。一般庶民ならば、暮らしを第一に考えて、戦争責任などを反省しなくとも、変わり身の速さを、私も咎《とが》めようなどとは思いません。

しかし、「むの・たけじ」さんは、八月一五日に朝日新聞社を辞めて、郷里の秋田に帰ったではないですか。むのさんは、記者として、できるだけ庶民に寄り添った記事を書こうと努力した方でした。しかし、自分が犯した戦争協力への罪を自覚して、新聞社を辞めたのでした。

これほど自己に厳格に向き合った人を私は知りません。むのさんのような方が、もう少しおられたら、戦争を食い止めることができたかも知れません。それは不可能であったでしょうが、少なくとも私たちは、これほど節目のない歴史を生きなくともよかったと思うのです。

節目のない歴史と表現しましたが、たしかに敗戦は節目になっているでしょう。しかし、内政はもとより、外交・教育など、すべてを白紙に戻して、組み立て直す努力を、本当にしたといえるでしょうか。学校の仕組みは敗戦前とほとんど変わりませんでした。

また、戦争中に刑務所に入れられた政治犯とされた人々を、敗戦のあとも、日本政府は解放しませんでした。こうした汚点を拭い去ることなく、戦後の社会は形成されてきてしまったのです。いまさらのように、私は深くこの七〇年間を振り返らなくては、と考えております。

いろいろなことにぶつかり、思い悩んだときもありました。しかし、幸いなことに、心優しい多くの方にお会いして、慰められたり励まされたりして、暮らすことができました。いちいちお名前をあげることはしませんが、心から感謝いたしております。

この本を執筆したのは私なのは間違いないのですが、話を引き出し、内容を整理して読みやすい形に整えてくださったのは、荒井文昭さんと八木絹さんです。したがってこの本は、実質的には三人の力を練り合わせてできあがったものだ、というのが正確だと思います。八木絹さんの父、故八木三男さんとは、私が東京大学在職中からの友人です。新潟県村上市の家にしばしば伺って、碁を打って楽しんでいました。

装幀は、グラフィックデザイナーの息子鉄馬にやってもらいました。

私事にわたって恐縮ですが、私は、結婚してから五五年ほど経ちますが、この間妻裕子に支えられて、研究・執筆等の社会活動をしてまいりました。裕子には、言葉ではいい表せないくらい、感謝しております。

裕子は、保育の仕事に従事して、私同様の年月を経ております。また、志直乃、鉄馬、直毅という一女二男に恵まれ、心和む日々を過ごしております。自分勝手な傾向の強い私を、家族が包み込んで育ててくれた、と感じております。

また、このたびは、長年の友人である平田勝さんの花伝社から本書を出版することができ、巡り会いの不思議さに驚いております。とりわけ花伝社は、二〇一五年、第三一回梓会出版文化賞を受賞されました。心からお祝い申し上げるとともに、本書の出版にご尽力いただいたことを、心から感謝申し上げる次第です。

私は、少し年を取ってしまったので、なおさらそう思うのかも知れませんが、若い方々に是非伝えたいという気持ちが、この本を書かせたのだと思っています。人の心は、伝わり続けていくものにちがいないのです。どのような御意見でも結構です。お読みになった方から感想など、お寄せ頂ければまことに幸いです。

二〇一五年一二月

牧　柾名

〈解題〉牧柾名――人と学問

世取山 洋介

1．庶民としての「心持ち」

昭和一桁代に生まれ、戦中に子ども期の後半――すなわち思春期と青年期――を過ごした世代。この世代は一九四五年から一九四七年にかけて国家の目的、組織および機能の大転換を経験し、その後は、資本家による労働者の搾取が展開する市民社会をどのような理念に基づいて改革すべきなのかをめぐる世界的な抗争に加わり、あるいはそれに巻き込まれ、そして、日本の高度経済成長を牽引ないしは下支えし、その成果を享受し、あるいはそのひずみにあえいできた。

牧柾名先生はこの世代に属している。

牧柾名先生の学問的な仕事はすでに『牧柾名教育学著作集』（全一〇巻、一九九八年・エムティ出版）としてまとめられている。一〇巻にわたる著作集の内容が示しているように、牧先生の学的業績は教育制度（史）、教育法そして子どもの権利論と広範囲におよんでいる。この『著作集』が牧先生の学的業績の全体像を示しているのに対し、牧先生のインタビューを収める本書は、牧先生の学問的な仕事の基礎にあって牧先生の研究を引っ張ってきた「心持ち」を時代の節目を追って披露するものとなっている。

牧先生は、戦後を、旧制高校の最後の学生、東京大学の学生、助手、そして静岡大学と東京大学という二つの国立大学と私立大学の教員として過ごしてきた。このような経歴からは、旧制高校で身に着けた高い教養と語学力を武器に、東西の古典を読破し、早くから社会科学的な能力を発揮し、そして、戦後の様々な論争をリードするという華々しい知識人の人生がイメージとして浮かび上がってくる。牧先生の最初の著書である一九七一年に出版された『教育権』（新日本新書）――以下、単に、牧『教育権』――はマルクスからの豊富な引用と、パリ・コミューンと第一インターナショナルの議事録を駆使した労働者階級の公教育制度論と権利論を分析したものであり、経歴から浮かび上がってくるイメージとピッタリしているようにも見える。

一九八五年から一九九〇年まで東京大学大学院教育学研究科で牧柾名教授とお付き合いさせていただいた当時、大学院生であった私の目には、牧先生は、不良ぶった、あるいは不良のまま成長しなかった旧制高校出身の教養主義的なエリートに映っていた。しかし、本書のインタビューを読むと、牧先生自身はこのようなイメージとは相当にかけ離れた心持ちで一九四五年以降を過ごしてきたことがよくわかる。

牧先生の心持ちは旧制高校出身のエリートのそれというよりは庶民のそれにおそろしく近い。

終戦のときに感じた「ホッとした」という感想は、牧先生よりもちょうど一〇歳年上である加藤周一が『羊の歌』で庶民による敗戦の受け止めとして紹介していた玉音放送が終わった後の看護婦の姿と重なる——「何ごともなかったかのように、いつもの昼食の後と少しも変わらず、賑やかな笑い声をたてながら、忽ち病室の方へ散っていった」(加藤周一著作集一四巻二二七頁、一九七九年、平凡社)——。一九四七年に施行された日本国憲法を同時代的に読んだことはない、食うことのほうがよほど重要であったという本書で披露されている牧先生の証言は、一九四七年当時牧先生がすでに一八歳であったということを考慮すればなおのこと、あまりにも庶民的である。そして、東大在学中から夜間高校の教師として働き、東大で助手になるまで夜間高校の教師を隠れてしていたという当時の東大生としては稀なる経験。当時の宗像誠也教授からの「隠れ」夜間高校教師への言葉に対して覚えた抵抗感。どれをとっても教養人としてのにおいはしない。

2. 牧『教育権』と夜間高校の教師としての「心持ち」

一九七一年に公刊された『教育権』は、同じ年に公刊された兼子仁『国民の教育権』(岩波新書)および堀尾輝久『現代公教育の思想と構造』(岩波書店)とともに、国家による教育内容への統制に対して、教育権ないしは教育人権論という対抗軸を打ちたて、公教育における国家の役割の固有の意義と限界を明らかにするものとなった。

堀尾先生の著作は法解釈を超えて政治学と政治思想(史)にまで及ぶものであった。現代国家は大衆国家であるとの把握。大衆国家段階において公教育が国民の兵隊化と教化という機能を担ったことの制度史的論証。そして、本来私事であるはずの教育を国民が子どもの学習権という理念に基づいて組織化するという対抗軸を示す。兼子先生の著作は法解釈にその存在次元を厳格に設定していたのだが、子どもの学習権を基点に置く教育法解釈学の確立を最後に大胆に宣言するものであった。

兼子先生と堀尾先生の著作が公教育を組織する国家の権限の限界づけに重点があったのに対して、牧『教育権』はなぜ国家は公教育を組織する義務を持つのかという問題に焦点を合わせていた。そして牧『教育権』が示した結論は「なぜ義務教育は義務なのか。それは労働者階級の要求だからなのだ。」という実にシンプルなものであった。マルクスの第一インターに向けての「指示」からの引用とそれに続く牧先生によるマルクスの文章の要約は牧『教育権』の白眉ともなっている。ここでは牧先生による要約だけを引用しておこう（『牧柾名教育学著作集　第一巻　教育権の理論と歴史　上』五四頁）。

労働者階級の子どもたちの権利が、個々の親の私的努力のみによっては守られないとすれば、子どもの人間的発達の保障は、階級的努力、つまりは階級闘争の成果として実現するほかはない。しかもそれは、一般的な法律をつくらせ、これを労働者階級の力量によって資本家に強制することによって達成されるのだが、そのことによって、労働者階級は、けっして自らの手足をしばるものではないことが、ここであきらかにされている。

国家を否定するわけでも国家を無条件に肯定するわけでもない。労働者階級の要求を国家に押し付け、国家の権力を使って労働者階級の要求を資本家の搾取から守る。第一インターナショナルの分析から導き出した結論はマルクス理解として実に正確であった。『教育権』の読者、特に、研究者である読者の多くは、資本家による労働者支配の渦巻く市民社会にあってもなお個人の間の共同性を実現するためには何ができるのかを歴史にさかのぼって考える、という心持ちからこの著作は生まれたのだとの前提をたててこの本を読んでいた。確かに、資本主義国家を打倒し、労働者階級の国家の原型を示したパリ・コミューンの公教育制度論の分析はそのような心持ちを牧先生が持っていたはずだとの推測を引き起こす。しかし、本書のインタビューを読むとこういった心持ち以上に、労働と教育との相互排他的な関係――学ぼうとすれば稼ぎを断念せざるを得ず、稼ごうとすれば学びを断念せざるを得ない――を何とかしたいという夜間高校の教師が持つ当然の心持ちから書かれていたことがよく伝わってくる。だとすると上述の実にシンプルな結論がなぜ牧『教育権』の結論であったのかも納得ができる。

3．子どもの権利と子どもの話を聞くということ

牧先生の仕事の仕方は旧制高校出身の教養主義的な社会科学研究者とは相当に異なっている。同時代の理論的分析から浮かび上がる理論的な問いと格闘して答えを見出す。その答えによって新たな地平を見出し、さらに新しい理論的な問いを立ててさらに前進する。理論が問いを生み、問いが理論を進展させ、進展した理論が新たな問いを生む、これが教養

主義的な研究の進展の典型的なパターンである。

そう、これは牧先生のやり方ではない。

庶民の気持ちから、なかんずく「ふざけんなよ。」という実に野卑で素朴な気持ちから研究を出発させる。そうであればこそ、教師の教育の自由から子どもの体罰、果ては、子どもからの聞き取りにいたるまでの大量の研究が、一見すると実に乱雑に蓄積できたのである。牧先生の論文からは「この人はよほどこれに頭にきたんだなぁ。」という気持ちが伝わる。また論文を編年的に読んでも「今度はこうなんだ!」という理論の展開を見出すことは極めて難しい。読者は「この時にこれに頭にきてたんだなぁ。」ということを感得するほかない。

牧先生は一九八〇年代に入ると子どもの人権に焦点を当て、体罰や校則、そして、学校事故の理論的分析の仕事に入る。「『教育権』から『子どもの人権』へ」と称されることもある研究の重点の移動は「あのマルクス主義者の牧はどこへ行った?」との反応を呼び起こすことになった。しかしそれは牧先生に旧制高校出身の教養主義的知識人としてのイメージを投影した勝手な評価にすぎない。

私が牧先生と出会ったのは牧先生が子どもの人権研究を開始した頃であった。学校では管理主義が荒れ狂い、体罰・校則・内申書が子どもを管理するための三種の神器となっていた。教師はいわゆる「国民の教育権」論が想定した子どもの学習権を実現する主体ではなく、子どもの人権を侵害する主体にしか映りようがない。私は大学院生になってから指導を受ける教員の代表作である『教育権』なぞは読んだこともなく、学校をどうやって法的にコントロールしてやろうかと意気込んでいた。

牧先生といえば、当初は私の問題意識を理解する人としてそこにいたのだが、そのうち、子どもの人権侵害事件からも離れ、どうしたわけか、子どもとのインタビューの連載をはじめ、ひたすら子どもの声に耳を傾けるようになっていた。傍目で見ていてさすがに「いったいこの人はどうしてしまったのか？」と心配していたが、今から考えれば、牧先生は子どもの権利の神髄に一人で分け入っていたようである。「心持ち」から出発する牧先生のスタイルは、ついに、子どもが自分の声に耳を傾けてもらえることを子どもの権利の本質として掴むことになったのである。そしてこの一連の仕事にも牧先生流の「心持ち」が控えていた。『ちいさいなかま』という雑誌に一九八三年に掲載された「わが幼き日・痩っぽちなわたし」というタイトルのエッセイの最後の二文を引用しよう（『牧柾名教育学著作集　第九巻　子どもの権利への視座　上』二一五頁）。

痩っぽちで、消極的で、人の陰からものをみているような小さな子が、いまでもいると思うから。そんな子と共感の握手をしたい気持ちで、つまらぬことを書いた。

弱くとも、小さくとも、ひっ込み思案でも、価値を認めてもらいたいという気持ちは、人並み以上なのだ、といいたいだけである。

「牧先生って子どもの権利がわかっているんだなぁ。」となってしまう。

4.「死者とともに生きる」という地平

東京大学を退官されたのち牧先生は駿河台大学に移る。そのあたりからであろうか、あるいは、駿河台大学を定年で退職する前後からだろうか、突然、死者とともに生きる、とか、あるいは、上原専禄の話をするようになっていった。また、このころから、知識人の戦争責任についてあれやこれやと話をするようになっていった。

正直に白状すればこの話を聞くたびに「また勝手なことをやっているなぁ。ついに教育からも離れてしまった。」と思っていた。だが本書のインタビューを読んで、これが牧先生流の同時代を叙述するための方法なのだと感得した。

庶民の気持ちから研究を立ち上げ、それを昇華させるというスタイルのもとに書かれた論文と著書は、牧柾名という書き手に共感できる読者には、時代を超えてずっと付き合いたいという気持ちを起こさせる。そのようなコアな読者に何人も出会った。牧先生の著作は、牧柾名という固有名詞と心持ちを剥がされたり、一般化されたりすることを拒絶することにその真骨頂がある。

しかしこれは社会科学研究者の手による著作としては決定的な弱点でもある。社会科学であればいかなる論文もいつかは書き手の固有名詞と心持ちを引き剥がされ、その時代全体を叙述する理論として一般化される運命にある。実のところ、そのようなものとなって初めて社会科学の古典たる地位を占めることができる――例えばジョン・ロックの『市民政府論』を読んではいても、私はロックの生い立ちも、彼が住んでいた街の風景も知らないし、ましてや彼がどのようにお酒を楽しんでいたのかを知らない――。そして、このような仕事は旧制高校の教養主義に支えられた知識人の手によってこそなされるにふさわしい。

では、このようなスタイルをはなから放棄し、庶民の気持ちから何もかもを立ち上げてきた牧先生はどうやって同時代を全体として語ることができるのか。これは相当な難問である。

彼が見つけたのは庶民の気持ちを歴史的につなげるということである。死者とともに生きる。死者の気持ちにどうこたえるのかが今を生きる人間の責任であるという場合、それは、今を生きる人間たちが心持ちを時々の状況に応じてつくっていくのではなく、歴史的に作り上げていく、ということを意味している。心持ちを歴史的に作りあげていく。歴史的につながった心持ちの流れをそれとして描写し、理論的な一般化による剥奪から固有名詞と庶民の気持ちを守る。そのような叙述を時代の証しとして残す。最後の旧制高校生であることを選び、そして、旧制高校の教養主義的な知性ではなく、不良的心持ちを選んだ研究者は今、このような地平に立っている。

5．おわりに

それにしても牧先生の仕事は一貫性に欠けること甚だしい。本書のインタビューでも、一方では近代的な自律した個人へのあこがれが語られ、他方では死者の気持ちを理解すべく苦闘する人間への共感が語られる。挙句の果てには、戦争中の責任をはっきりと言語化できない戦後知識人への共感ではなく、反感が率直に表明される。しかも労働者の気持ちは夜間高校の教師以降は一度たりとも出てきはしない。

庶民の気持ちから研究を立ち上げ、それに徹底的に寄り添う。そして、寄り添うべき新しい気持ちを見つけると次はそれに没頭する。このスタイルのなせる業なのである。しかし、法解釈論――すなわち、体系内の矛盾を許さず、無矛盾の体系を志向する論理――に近いところで仕事をしているほぼ最後の弟子としては実に面倒である。

文句を言ったところで旧制高校の不良に届くわけがないことは百も承知している。この一貫性のなさこそが牧先生の人生なのだと観念して、これからも牧弟子であり続けることにしよう。

〈インタビュアー〉
荒井 文昭（あらい・ふみあき）
1959年埼玉県生まれ。東京都立大学卒業。教育行政学。首都大学東京教授、多摩住民自治研究所副理事長。共著に『教育管理職人事と教育政治』、『市民立学校をつくる教育ガバナンス』ほか。

八木 絹（やぎ・きぬ）
1964年新潟県生まれ。立命館大学卒業。ライター、編集者。月刊総合雑誌編集部、新聞記者を経て、〈自費出版・編集工房 戸倉書院〉代表。

〈解題〉
世取山 洋介（よとりやま・ようすけ）
1962年東京都生まれ。東京大学卒業。教育法学。新潟大学准教授、子どもの権利条約市民・NGO報告書をつくる会事務局長。著書に『君の味方だ！子どもの権利条約』『新自由主義教育改革』ほか。

〈装幀〉
牧 鉄馬（まき・てつま）
1966年静岡県生まれ。桑沢デザイン研究所卒業。グラフィックデザイナー、映像ディレクター。東京ADC賞2005、2006受賞。（株）ファンタジスタ代表取締役。

牧 柾名（まき・まさな）
1929年東京都生まれ。東京府立第五中学校（旧制）卒業、静岡高等学校（旧制）卒業、東京大学教育学部卒業。教育行政学。静岡大学教授、東京大学教授を経て、駿河台大学名誉教授。川崎市民アカデミー学長（2004―2008年）、子どもの人権埼玉ネット代表委員、川崎市子ども権利条例検討連絡会議副座長などを歴任。
単著に『教育権』（新日本出版社、1971年）、『教師の教育権』（青木書店、1976年）、『国民の教育権』（青木書店、1977年）、『学校と子どもの人権』（新日本出版社、1984年）、『教育権と教育の自由』（新日本出版社、1990年）、『かがやけ子どもの権利』（新日本出版社、1991年）、『牧柾名教育学著作集（全10巻）』（エムティ出版）、『自分を生きる』（新日本出版社、2000年）ほか編著書多数。

ふたつの憲法を生きる ―― 教育学者が次世代と語る戦後

2016年2月5日　初版第1刷発行

著者 ―― 牧　柾名
インタビュアー ―― 荒井文昭、八木　絹
発行者 ―― 平田　勝
発行 ―― 花伝社
発売 ―― 共栄書房
〒101-0065　東京都千代田区西神田2-5-11 出版輸送ビル2F
電話　03-3263-3813
FAX　03-3239-8272
E-mail　kadensha@muf.biglobe.ne.jp
URL　http://kadensha.net
振替 ―― 00140-6-59661
装幀 ―― 牧　鉄馬
印刷・製本 ― 中央精版印刷株式会社

ISBN978-4-7634-0759-7 C0037